Dire adieu

Du même auteur :

J'aimerais tant tourner la page – Guérir des abus sexuels subis dans l'enfance, 2008, Les Arènes

Guérir d'un abus sexuel, 2018, Les Arènes

Dire adieu - Petit guide psychologique du deuil, 2013, Payot & Rivages

Dr François Louboff

Dire adieu

Petit guide psychologique du deuil

Le vrai tombeau des morts,
c'est le cœur des vivants.

Jean COCTEAU

INTRODUCTION

Vous êtes confronté à la mort d'un proche. Il est possible que vous soyez aujourd'hui en état de choc. Il est probable que vous ne parveniez pas encore à réaliser vraiment ce qui vous arrive.

Cette disparition représente en fait une véritable amputation, non pas au niveau de votre corps, mais de votre cœur. En mourant, la personne que vous aimez a emporté avec elle une partie de vous-même. Cette amputation douloureuse va cicatriser, petit à petit. Le deuil n'est pas seulement cette cicatrisation. Il s'accompagne aussi d'une reconstruction partielle de votre personnalité. Le deuil va vous changer.

Une personne en deuil a essentiellement besoin du soutien attentif et chaleureux de son entourage proche et de ses amis. Mais elle peut aussi être aidée en ayant accès facilement à des informations simples, utiles et sensées.

De nombreux livres sur le deuil existent, que vous pourrez lire un jour si vous le souhaitez. Mais aujourd'hui, vous n'en avez peut-être pas l'envie, pas la force, pas la capacité d'attention ni de concentration nécessaire, pas le temps.

Vous trouverez dans ce guide de quoi mieux comprendre ce que vous ressentez, en des termes simples, compréhensibles, principalement sous forme de questions-réponses. Vous y trouverez également des mises en garde nécessaires et des conseils, car notre culture diffuse sur le deuil des idées fausses et néfastes qui peuvent le rendre encore plus douloureux à affronter.

Comme toute cicatrisation, le deuil peut aussi se compliquer, tant sur le plan psychique que physique. Vous apprendrez à reconnaître les signes qui devront alors vous encourager à demander une aide extérieure.

Ce guide veut expliquer, rassurer et encourager, prévenir. Il est donc aussi destiné à vos proches et à vos amis, pour leur permettre de vous comprendre, mais aussi de vous aider le mieux possible. Car eux aussi peuvent se sentir perdus et sans aucun repère.

Le deuil est le processus physiologique qui nous permet de nous adapter, de nous accoutumer à la perte d'un être cher. Toutes les personnes en deuil doivent vivre ce processus normal et incontournable, mais variable dans ses manifestations.

LES OBSÈQUES

Faut-il absolument que je voie le corps avant les obsèques ?

De nombreuses personnes ne souhaitent pas voir le corps du défunt. Souvent, elles disent préférer conserver de lui une image vivante, un « bon souvenir ». En fait, elles ont peur de voir ce corps mort.

Les spécialistes du deuil nous disent pourtant combien il est important de constater par nous-mêmes que la personne que nous aimions est morte. Ce n'est pas du sadisme, mais un conseil pour nous aider à reconnaître (pas encore à accepter) qu'elle est *réellement* morte.

Nous savons bien que les familles ont plus de difficultés à faire leur travail de deuil lorsque le corps de leur proche n'a pas été retrouvé.

Et même si le corps du défunt est abimé ou mutilé, il est souhaitable que nous puissions en voir une partie identifiable, ce qui nous aidera à affronter la réalité de sa mort.

Prenez un peu de temps pour aller voir la dépouille du défunt dans la chambre funéraire. Allez-y seul, si cela vous est possible, et parlez-lui à voix haute pour lui dire adieu ou au revoir, tout ce que vous n'avez pas eu le temps de lui dire, tout ce que vous n'avez jamais osé ou voulu lui dire lorsqu'il était en vie, lui demander pardon ou lui accorder le vôtre. Parler ainsi au défunt vous permet de terminer avec lui tout ce qui nécessite de l'être. Parler à un mort est plus facile quand on est seul avec lui.

Si vous ne pouvez vraiment pas y aller seul, faites-vous accompagner, parlez au mort « dans votre tête », ou glissez dans le cercueil une lettre où vous aurez exprimé tout ce que vous avez envie de lui dire. Cela est particulièrement important si votre relation avec lui était conflictuelle et difficile. Ce moment de sincérité vous aidera dans votre deuil.

Comprendre : Voir et toucher le corps aide à accepter la réalité de la mort.

Mon conseil : Dites au défunt tout ce que vous n'avez pas pu lui dire de son vivant.

Idée fausse : Je dois éviter de voir son corps si je veux conserver un « bon souvenir ».

Le corps de mon proche n'a pas été retrouvé

Apprendre qu'un de nos proches est certainement mort mais que son corps n'a pu être retrouvé (catastrophe naturelle, accident d'avion, naufrage, kidnapping …) est une situation particulièrement traumatisante qui complique de manière considérable le nécessaire travail de deuil qui nous attend.

En effet, comment commencer notre deuil si nous n'avons pu constater par nous-mêmes que notre proche est réellement mort ? Ne pas voir son corps fait inévitablement surgir en nous l'espoir, parfois tenace, qu'il a pu survivre, n'avoir été que blessé, être encore vivant. Et cet espoir bloque le processus de deuil. Certains disent « pas de corps, pas de deuil ». Mais ce raccourci est excessif. Le deuil est bien sûr plus compliqué et souvent plus long, mais il n'est pas impossible.

Il est alors important de participer à des rituels qui nous aideront à commencer ce travail de deuil. Déjà en nous rendant, lorsque cela est possible, dans des lieux symboliquement importants, en particulier celui où l'avion est tombé dans la mer, où le navire a coulé. Confier à la mer une fleur, un objet ou une lettre représente le premier rituel de deuil. C'est la reconnaissance, par nous-mêmes et par la société, que notre proche est bien mort. En nous rendant sur le lieu de sa disparition, nous obéissons à notre besoin de chercher son corps. Nous avons besoin de voir de nos propres yeux. Et même si nous ne voyons rien, cela nous aide à accepter la réalité de sa disparition.

Lorsque le doute a persisté longtemps, parfois pendant des années de recherches, d'espoir et d'attente, nous avons besoin de l'aide de la société pour enfin nous engager dans notre deuil. Elle seule peut décréter la mort officielle de notre proche. Les rituels sont là encore indispensables. Une commémoration officielle nous permet alors d'être reconnus en deuil par la société, et de rendre hommage à notre proche que nous pouvons enfin considérer comme défunt. Notre travail de deuil peut commencer.

Malheureusement, cela n'arrive souvent que de nombreuses années après la disparition.

Comprendre : Accepter la mort d'une personne aimée dont on n'a pas retrouvé le corps est particulièrement difficile, car l'espoir tenace de la retrouver vivante peut persister très longtemps. Le deuil risque d'être alors bloqué.

Mon conseil : Participez aux rituels qui vous aideront à être reconnu comme une personne en deuil par les autres et par la société.

Idée fausse : Je ne pourrai jamais faire mon deuil car son corps n'a pas été retrouvé.

La crémation risque-t-elle de perturber le bon déroulement du deuil ?

La crémation est assez récente en France. Autorisée depuis 1887, elle représente actuellement environ un tiers des obsèques (45 % à Paris), alors qu'elle n'existait quasiment pas il y a trente ans (1 % des obsèques en 1980).

Dans la religion chrétienne, la crémation est autorisée par l'église protestante depuis 1887 et par l'église catholique depuis 1963, mais elle est prohibée par l'église orthodoxe. Les religions bouddhiste et hindouiste pratiquent majoritairement la crémation, alors qu'elle est interdite par les religions juive et musulmane.

Lors de la crémation, c'est la très forte chaleur, accumulée dans les briques réfractaires, qui transforme le corps, les vêtements et le cercueil en fumée et en poussières. Celles-ci sont essentiellement constituées des restes osseux. Pour les bébés de moins d'un an dont les os n'ont pas encore été calcifiés, la crémation n'en laissera que peu de chose (voir aussi « L'enfant doit-il assister à l'enterrement ou à la crémation ? »).

La crémation est-elle un manque de respect et de dignité pour le défunt ?

Certains spécialistes ont critiqué la pratique de la crémation en raison de la violence faite aux corps qui sont réduits en cendres en moins de deux heures, faisant disparaitre le cadavre et tout ce qui était aimé (le visage et le regard notamment). Ils évoquent également le risque de priver le défunt de sa dernière résidence mortuaire si les cendres sont dispersées dans la nature à la suite de la crémation. Pour eux, la crémation manquerait de respect au mort mais aussi à ceux qui lui survivent.

La crémation favoriserait l'anonymat de la mort. Autant un corps ou un cadavre est reconnaissable, c'est-à-dire associé à une identité, autant les cendres sont totalement anonymes et dépourvues de tout signe d'identification. En effet, aucune trace d'ADN ne subsiste après la crémation.

La crémation, que certains appellent « incinération », associerait inconsciemment le corps mort à un déchet, car ce sont les déchets qu'on incinère. Quant aux mots « crémation »,

« crématorium », « crématiser », ils feraient trop penser aux fours crématoires et à tout ce qu'ils évoquent d'horrible.

Pour certains, la destruction du corps par la crémation serait l'expression d'une agressivité consciente ou non, et du désir de se débarrasser du corps.

Accepter la réalité de la perte du défunt prend du temps. La crémation court-circuite le temps nécessaire à la décomposition naturelle. Cette décomposition accélérée peut-elle perturber le bon déroulement du deuil ? Aucune réponse claire n'a jusqu'à présent été apportée à cette question.

Lorsque le défunt a clairement fait connaître son choix pour la crémation, sa volonté doit être respectée. Mais lorsque aucune indication n'a été laissée, c'est à la famille qu'appartient le choix des obsèques. Lorsque tous les proches acceptent la crémation et s'entendent sur le contenu d'une cérémonie appropriée et sur la destination des cendres, toutes les conditions sont alors réunies pour une bonne évolution du deuil.

Répandre les cendres dans la nature ou dans le jardin du souvenir risque-t-il de perturber le processus de deuil ?

Après la crémation, les restes du défunt peuvent avoir plusieurs destinations.

L'urne peut être déposée dans une sépulture familiale (c'est à dire une tombe existante), ou bien scellée sur la sépulture.

Les pompes funèbres peuvent conserver les cendres pendant environ six mois avant de les remettre à la famille. Vous avez donc le temps de bien réfléchir à chacune des destinations possibles, pour en peser les avantages et les inconvénients. Ce temps de réflexion peut éviter bien des regrets. L'urne peut être déposée dans un casier au sein d'un columbarium aménagé dans l'enceinte du cimetière.

Le contenu de l'urne peut être répandu dans le jardin du souvenir, pelouse délimitée dans le cimetière pour y recueillir les cendres. Les noms des défunts sont alors inscrits sur une plaque de marbre à l'entrée du jardin ou sur un registre.

Enfin, le contenu de l'urne peut être répandu dans un lieu naturel (mais pas sur la voie publique ni dans un cours d'eau, c'est interdit) : ce peut être une forêt, une montagne ou dans la mer (à plus de 300 mètres de la côte ou à plus de 6 kms si l'urne entière, qui doit être alors en matériau biodégradable, est immergée dans la mer). La famille doit faire une déclaration auprès de la mairie du lieu de naissance du défunt.

Garder l'urne chez soi est désormais interdit par la loi depuis 2008, tout comme le partage des cendres entre plusieurs reliquaires. Toutefois, l'inhumation de l'urne ou la dispersion des cendres dans une propriété privée restent possibles sous certaines conditions (autorisation du préfet) et entrainent une contrainte perpétuelle pour garantir à quiconque la liberté de venir s'y recueillir (la revente d'une telle propriété risque d'être difficile …).

Répandre les cendres en pleine nature ou dans le jardin du souvenir peut-il freiner le processus de deuil ? Les réponses sont variables. Pour certains, l'absence d'un lieu de sépulture précis et individuel pourrait perturber le deuil, car nous avons souvent besoin de voir concrètement l'endroit où repose le corps de notre proche disparu. Pour d'autres, l'important est d'avoir la possibilité de se rendre sur un lieu précis associé à la dernière demeure de leur proche. Ce lieu de recueillement joue alors le même rôle que n'importe quel autre lieu de sépulture, que ce soit une tombe ou un columbarium. Certaines personnes auront des difficultés pour s'adapter à cette situation. L'installation d'une plaque, gravée au nom du défunt, à l'endroit où les cendres ont été dispersées permettra parfois d'apporter une solution en laissant une trace. Le corps a disparu mais le lieu dans lequel les cendres ont été répandues est connu et permet une cérémonie de commémoration.

Faut-il prévoir une cérémonie ?

Rappelons que les rituels organisés autour des défunts ont pour fonction, depuis leur apparition il y a des millénaires, d'apaiser les morts pour qu'ils ne viennent pas nous faire du mal. Cette croyance peut sembler avoir disparu, mais il est possible qu'elle subsiste à un niveau inconscient, liée à notre sentiment de culpabilité envers le défunt.

La crémation est un rituel d'apparition récente ayant le plus souvent un caractère privé, alors que l'inhumation est généralement associée à une cérémonie publique religieuse.

Ce qui semble le plus important pour favoriser le travail de deuil, c'est de bénéficier d'obsèques publiques, qu'elles soient religieuses ou laïques. Le seul rituel privé, réunissant la famille et quelques amis, est souvent insuffisant pour enclencher un travail de deuil satisfaisant.

La crémation est malheureusement le plus souvent associée à un tel rituel intime.

Le rituel collectif, religieux ou laïque, permettant au défunt et sa famille d'être accompagnés par les proches, les amis, les connaissances et parfois des officiels voire des anonymes. Il est absolument indispensable pour nous aider à affronter la mort de notre proche et commencer notre travail de deuil. Une fois sur cinq, il n'y a pas de cérémonie religieuse. Elle peut être remplacée par une cérémonie civile, conduite par un membre de l'agence funéraire ou d'une association laïque, qui se déroulera soit dans les locaux des pompes funèbres, soit au crématorium si l'urne est remise à la famille ou si son contenu est répandu dans le jardin du souvenir, soit au cimetière lorsque l'urne est déposée dans une tombe existante ou dans le columbarium.

Comprendre : La crémation doit être accompagnée de rituels collectifs, religieux ou laïques, pour favoriser une bonne évolution du deuil.

Mon conseil : Que le choix de la crémation soit celui du défunt ou le vôtre, prenez le temps d'organiser un rituel d'accompagnement suffisant (un temps de recueil, une lecture de textes et l'écoute de musiques, déposer une fleur sur le cercueil ou toucher ce dernier) que ce soit dans les locaux des services funéraires ou au crématorium. Un autre rituel doit être organisé au moment de déposer l'urne au cimetière (que ce soit dans un casier du columbarium ou dans une tombe), ou lors de la dispersion des cendres au jardin du souvenir ou dans un lieu naturel autorisé. Ce temps d'adieu est indispensable pour que le corps de votre proche ne soit pas considéré comme un objet dont on se débarrasse.

Idée fausse : Le mieux est de procéder à la crémation aussitôt le cercueil arrivé au crématorium, sans s'encombrer d'une cérémonie.

Dois-je m'arrêter de travailler quelque temps ?

Après les obsèques, la douleur morale devient parfois si forte qu'il est impossible de continuer à travailler. Toutes nos pensées sont consacrées à celui ou celle que nous venons de perdre et tout effort de concentration est impossible. Un arrêt de travail s'impose alors, de quelques jours à quelques semaines.

Lors de votre reprise, vous constaterez probablement que votre efficacité professionnelle a diminué. Acceptez-le. Cette diminution d'efficacité est tout à fait normale et peut même persister plusieurs mois. On l'explique par les difficultés d'attention et de concentration, les troubles de mémoire et les troubles du sommeil qui accompagnent généralement la souffrance morale.

Parfois, l'activité et le milieu professionnel permettent de travailler au ralenti. Si cela est possible, faites-le. Il a été démontré que reprendre le plus rapidement possible une activité, rémunérée ou pas, était bénéfique, sauf si le travail est particulièrement inintéressant ou épuisant.

Reprendre votre travail, en trouver un, ou suivre une formation professionnelle vous aidera à vous sentir moins seul en améliorant votre soutien social. Vous ruminerez moins, car les objectifs plus concrets liés à votre travail vous aideront à vous concentrer sur d'autres choses que vos souffrances, même si ce n'est que par intermittence.

Que vous ne vous arrêtiez pas du tout ou que vous repreniez assez vite vos activités professionnelles ne veut pas dire que tout va bien. Votre travail de deuil ne fait que commencer. Et cette « force » apparente ne doit pas induire votre entourage en erreur et lui faire croire que vous êtes sorti de la tempête.

Comprendre : La souffrance morale s'accompagne habituellement de troubles de concentration et de mémoire.

Mon conseil : N'hésitez pas à demander à votre médecin un arrêt de travail.

Idée fausse : S'arrêter de travailler est un signe de faiblesse.

Faut-il cacher la cause réelle de la mort ?

Parfois, la cause du décès nous choque tellement que nous ne voulons pas qu'elle soit divulguée, ni à l'intérieur ni à l'extérieur de notre famille. Cela peut être le cas lors d'un suicide, d'un assassinat, ou de certaines maladies (SIDA, cancer). N'entend-on pas encore parler de « longue maladie » pour éviter de prononcer le mot « cancer » ? Certaines morts peuvent être taboues, honteuses ou culpabilisantes.

On peut alors être tenté de cacher la vérité, à soi-même comme aux autres, et de mentir sur la cause de la mort. Dans l'espoir de fuir la réalité qui nous traumatise. Quoi de plus efficace que de faire comme si rien de traumatisant ne s'était passé ? En procédant ainsi, nous fuyons également une aide psychologique qui serait pourtant bien nécessaire pour mieux parvenir à « digérer » ce qui nous blesse autant.

Cacher la cause réelle de la mort, particulièrement s'il s'agit d'un suicide, peut être bénéfique au début sur le plan émotionnel, mais risque, si ce déni partiel est maintenu volontairement, de perturber le bon déroulement du deuil.

Certains seront tentés de justifier leur choix par le désir de ne pas traumatiser les enfants de la famille. Mais il n'y a aucune raison de dissimuler la cause réelle de la mort à un enfant sous prétexte que c'est un enfant. Cette mort fait partie de sa vie et la vérité sur son histoire lui appartient et doit donc lui être transmise. Il n'y a bien entendu aucune urgence, et les adultes peuvent prendre le temps nécessaire pour élaborer la meilleure manière de dire la vérité à l'enfant.

Enfin, cacher volontairement la cause réelle de la mort oblige à fabriquer une fausse histoire qui se transmettra de génération en génération. Ces mensonges et ces non-dits tenteront alors de dissimuler un secret de famille dont on connaît maintenant parfaitement l'impact dangereux pour les générations suivantes.

Toutefois, dans certains cas, il sera compréhensible, voire nécessaire de dissimuler la cause réelle de la mort, mais pendant un certain temps seulement, ou à certaines personnes (entourage professionnel par exemple).

Dans le cas plus particulier du suicide, garder le secret signifie qu'on ne parle pas de ce drame familial qui touche tant de familles (environ 12 000 suicides par an en France). Alors qu'apporter des explications serait nécessaire pour changer les idées reçues et les jugements inadaptés concernant le suicide. Garder le secret contribue à maintenir les personnes touchées dans la stigmatisation et la honte.

Comprendre : Dissimuler la cause de la mort revient à fabriquer un secret de famille qui favorise l'apparition de troubles psychologiques parfois graves sur plusieurs générations.

Mon conseil : Dites toujours la cause réelle de la mort, même à un enfant, et si c'est trop difficile, acceptez de vous faire aider psychologiquement.

Idée fausse : Il y a des cas où il vaut mieux ne jamais divulguer la cause réelle du décès à certains membres de la famille.

Le don d'organe

Envisager un don d'organe n'est possible que lorsque notre proche n'a pas exprimé d'opposition au don de ses organes, et que son corps est accessible.

Comment accepter la réalité de la mort d'une personne que l'on aime quand on voit son corps encore chaud maintenu par des machines dans un état permettant à ses organes de continuer à fonctionner en attendant leur prélèvement ? Comment se rendre vraiment compte qu'elle est morte, puisque toutes les apparences nous disent le contraire ?

Pour la famille, c'est la première difficulté à affronter : la phase de déni de la mort risque d'être plus longue. Elle a besoin d'être soutenue et accompagnée dans son deuil d'autant plus que d'autres difficultés s'approchent.

En effet, comment ne pas imaginer le devenir de ce cœur, de ces reins, de toutes ces parties vivantes, sur lesquelles l'entourage risque de cristalliser une image encore vivante du défunt ? Comment ne pas imaginer le ou les receveurs de ces parties vivantes, les inconnus sauvés grâce à elles ? Certains risquent même de partir à leur recherche pour essayer de faire revivre leur proche à travers eux. Ressasser que ses organes nobles lui ont été prélevés pour permettre à des inconnus de vivre peut paralyser le processus de deuil de l'entourage. Le livre de Charlotte Valandrey

De cœur inconnu raconte son histoire d'amour avec un homme qu'elle pense être le mari de la femme dont elle a reçu le cœur, et qui recherche son épouse morte à travers elle.

Depuis la loi de janvier 2017, le prélèvement d'organe est autorisé dès lors que le défunt ne s'y est pas opposé de son vivant (par inscription sur le registre national des refus, par un document daté et signé confié à un proche, ou par expression orale de son refus).

Comprendre : En cas de don d'organe, le travail de deuil de l'entourage peut être plus long et plus compliqué.

Mon conseil : Acceptez de vous faire aider si vous êtes trop perturbé par la pensée que les organes de votre proche font vivre des inconnus.

Idée fausse : Le prélèvement d'organe est possible même si le défunt a exprimé son désaccord.

LES JOURS QUI SUIVENT LE DÉCÈS

Il est mort mais je n'arrive pas à y croire vraiment

Apprendre la mort d'un être aimé, même lorsqu'elle est l'aboutissement d'une période de maladie et qu'elle ne survient donc pas brutalement, nous plonge dans un état de choc. On est sidéré, comme engourdi, hébété, continuant à agir de manière automatique. Parfois, le choc est tellement douloureux qu'il peut s'accompagner d'un malaise avec des palpitations cardiaques, une chute de tension, des difficultés à respirer, de cris ou de pleurs. C'est la toute première étape du deuil, qui dure habituellement quelques heures, voire quelques jours.

Après le choc initial, nous sommes incapables d'admettre la réalité : « Non, ce n'est pas possible, ce n'est pas vrai, ce n'est pas lui. » Cette impossibilité de croire vraiment à sa mort dure habituellement plusieurs jours, souvent jusqu'aux obsèques.

On appelle cette première phase la « *phase du déni* ». Être dans le déni, cela signifie qu'on ne peut pas reconnaître, admettre la réalité de quelque chose de traumatisant. Intellectuellement nous savons très bien que la personne que nous aimons est morte, mais nous ne le savons pas encore « dans nos tripes ». Nous oscillons le plus souvent entre la conscience de la mort et le déni. Car il nous est impossible d'admettre immédiatement la réalité qui nous frappe ; nous serions submergés par trop de souffrance.

Le déni nous protège temporairement en maintenant éloignées des émotions que nous ne pouvons pas encore affronter. Il nous donne un peu de temps pour intégrer à notre rythme que l'on vient de perdre à jamais quelqu'un que l'on aimait. C'est un peu comme si une partie de nous continuait à croire que ce que nous vivons n'est pas la réalité.

Ce mécanisme de protection peut même aller jusqu'à une sorte d'anesthésie émotionnelle : on assiste à ce qui se passe mais apparemment sans émotion, comme détaché, comme si cela arrivait à quelqu'un d'autre. On peut même avoir l'impression d'être à l'extérieur de soi et de se regarder, du dehors, vivre ce drame. Ce n'est pas une indifférence, ni un trouble mental, mais un mécanisme nous permettant d'échapper temporairement à une surcharge émotionnelle dangereuse.

Cette réaction protectrice s'effacera progressivement pour laisser apparaître les émotions du deuil, au fur et à mesure que nous devenons capables d'admettre l'évidence : la personne qui vient de mourir ne reviendra jamais.

Cette première phase est suivie de deux autres (voir aussi « Quelles sont les étapes du deuil ? ») : la phase de confrontation à la perte puis celle de l'adaptation à la perte.

Parfois, le deuil se bloque et cette phase de déni se prolonge pendant plusieurs mois. Nous continuons alors à ne pas croire en la réalité de la mort, et nous faisons comme si le défunt vivait encore : nous mettons son couvert à chaque repas, nous parlons de lui au présent, nous conservons son numéro de téléphone dans notre mobile, et nous ne ressentons ni n'exprimons aucune des émotions habituelles du deuil.

Il s'agit alors d'un deuil compliqué qui nécessite l'aide d'un professionnel (psychiatre, psychologue ou psychothérapeute).

Comprendre : Être incapable d'admettre la mort d'une personne qu'on aime est une réaction normale de protection, qui peut durer quelques semaines.

Mon conseil : Si cette phase de déni se prolonge plusieurs mois, sans changement, demandez l'aide d'un professionnel car votre processus de deuil s'est bloqué.

Idée fausse : Je dois être capable d'admettre immédiatement la réalité de la mort.

Que faire des objets appartenant au défunt ?

Au début, toucher les objets ayant appartenu à notre proche disparu semble impossible, au-dessus de nos forces. Probablement parce que nous n'acceptons pas encore la réalité de sa mort.

Ses objets personnels, que ce soient des vêtements, des bijoux, des bibelots, toutes ces petites choses qui traînent sur son bureau, dans la chambre, nous permettent de rester reliés à lui. C'est la raison pour laquelle nous ne voulons pas nous en séparer, car commencer à les trier nous confronte trop violemment à la réalité de sa mort, de son absence.

Il arrive ensuite un moment où nous ressentons le besoin de les regarder, de les manipuler, parfois de porter un de ses vêtements ou son parfum, ou d'écouter ses CD préférés. Tous ces objets vont réactiver en nous des souvenirs chargés d'émotions. C'est une étape utile pour nous aider à revivre tous ces instants, en nous disant qu'ils sont terminés, que plus jamais nous ne pourrons les revivre. Étape douloureuse mais nécessaire pour progresser dans notre travail de deuil.

Il faut attendre que notre processus de deuil avance, que nous commencions à accepter la réalité de la perte, son caractère définitif, pour que ces différents objets deviennent moins importants, puis inutiles. Nous n'en avons alors plus besoin pour rester connectés à la personne disparue car nous avons reconstruit un nouveau lien avec elle, non plus extérieur, mais à l'intérieur de nous-mêmes. Les trier devient alors plus facile pour n'en garder que quelques-uns. Il est sans doute préférable, au début, de conserver tous les objets du défunt et de ne pas nous en débarrasser d'une manière impulsive, sur un coup de tête, parfois poussés par un proche bien intentionné.

Si la vue ou la présence de ces objets est trop douloureuse, rangez-les dans des cartons et mettez-les momentanément dans une autre pièce, à la cave ou au grenier.

Votre entourage doit respecter votre désir de conserver ces objets tout le temps dont vous avez besoin avant de pouvoir vous en séparer et faire ce tri.

C'est lorsque vous pourrez sereinement jeter ou donner les objets devenus inutiles, et utiliser d'une manière apaisée et sereine ceux que vous aurez choisi de conserver, que la mort de la personne aimée sera vraiment acceptée.

Comprendre : Les affaires de notre proche disparu nous aident à rester connectés à lui, le temps nécessaire pour construire un nouveau lien avec lui, un lien intérieur. Alors, nous pourrons en donner, en jeter et n'en garder que quelques-unes.

Mon conseil : Conservez tous les objets du défunt aussi longtemps qu'il le faut pour vous sentir prêt à les trier.

Idée fausse : Je dois me débarrasser de toutes ses affaires pour ne plus penser à lui.

Faut-il parler de sa mort ?

Vous êtes en deuil et comme toute personne endeuillée, vous avez un grand besoin d'explications. Il est important que vous compreniez de quoi est décédé votre proche et les événements qui ont précédé sa mort. Demandez aux médecins toutes les précisions dont vous avez besoin, et osez insister pour qu'ils le fassent dans un langage compréhensible.

Il faut donc en parler, et tout de suite, avant même les obsèques. Chaque famille construit ainsi une histoire de cette mort, associant la description des événements et les commentaires sur la façon dont ce proche était perçu et sur les circonstances de sa mort (« il est mort comme il le souhaitait, maintenant il ne souffre plus, il voulait mourir seul... »). Évoquez avec votre entourage sa vie, ses qualités et aussi ses défauts. Parler de ses mauvais côtés est important, car vous éviterez ainsi de l'idéaliser de manière excessive, ce qui risquerait de ralentir le déroulement normal de votre deuil.

Cette histoire sera ensuite reprise avec tous les gens qui viendront vous faire leurs condoléances. La répéter à votre entourage (vos voisins, vos amis, vos collègues) vous aidera à accepter la réalité de la mort de la personne que vous aimez, et ainsi à sortir de la phase de déni (voir aussi « Il est mort mais je n'arrive pas à y croire vraiment »).

Pour décrire à une autre personne ce que vous ressentez, vos émotions et les questions que vous vous posez, il vous faudra, pour être compris, mettre tout cela en mots. Parler vous aidera aussi à ne pas être trop submergé par vos émotions.

Les personnes en deuil qui refusent ou qui sont incapables de parler de leurs souffrances ou de faire part de leurs interrogations, risquent d'être plus angoissées et de souffrir plus que celles qui y parviennent.

Comprendre : Parler du défunt, de sa vie, de son décès et de ses circonstances nous permet de construire un récit que nous répétons à notre entourage et qui nous aide à accepter la réalité de sa mort.

Mon conseil : Posez aux médecins toutes les questions pour lesquelles vous ressentez le besoin d'obtenir des réponses.

Idée fausse : Parler fait trop mal et ne sert à rien.

Puis-je prendre des décisions importantes ?

D'une manière générale, abstenez-vous de prendre des décisions importantes dans les premiers mois de votre deuil. Que ce soit pour jeter des affaires ayant appartenu à votre proche, vendre un bien, déménager ou démissionner pour changer de travail, etc.

Pour faire un choix important, nous avons besoin de toutes nos capacités de réflexion, d'attention, de concentration et d'anticipation. De plus, nous avons besoin de nos émotions (colère, tristesse, culpabilité…) pour faire des choix appropriés et sensés. En effet, nos émotions sont liées à nos expériences passées et nous guident pour anticiper les meilleures décisions. Sans émotions, nous ferions des choix catastrophiques. Mais être submergé d'émotions aura les mêmes conséquences.

Votre état émotionnel est actuellement trop chaotique. Il ne vous permet pas d'envisager calmement et efficacement tous les choix disponibles ainsi que toutes leurs conséquences.

De plus, si vous prenez une décision importante et que vous vous rendez compte que vous avez fait une erreur, votre culpabilité viendra aggraver la douleur de votre deuil.

Si vous devez absolument prendre une décision importante, acceptez d'en parler et de vous faire aider par un proche en qui vous avez confiance, ou par un thérapeute qui vous aidera à y voir plus clair.

Comprendre : Pour prendre une décision importante, nous avons besoin de nos pleines capacités de concentration et de réflexion, et d'être dans un état émotionnel stable.

Mon conseil : Différez les décisions importantes, et si ce n'est pas possible, demandez l'aide d'un proche de confiance ou d'un professionnel.

Idée fausse : Je dois pouvoir me débrouiller tout seul, même si j'ai des choix importants à faire.

L'ANNÉE QUI SUIT LE DÉCÈS

Puis-je encadrer chez moi des photographies du défunt, ou regarder des films où il apparaît ?

Face à la mort d'une personne que nous aimons, nous pouvons être tentés de regarder des photos ou des films, d'entendre sa voix. Comme si cela pouvait nous aider à rester en lien avec elle et à combattre la réalité de sa mort. Parfois, au contraire, nous faisons tout pour éviter de réactiver notre douleur. Nous fuyons alors tout ce qui nous rappelle notre proche disparu et retirons de notre vue les photos et les objets qui nous font penser à lui.

Revoir ainsi le défunt peut être bénéfique. Ces images nous rappellent des souvenirs vécus avec lui et toutes les émotions qui y sont associées. Revivre ainsi des moments particulièrement émouvants peut nous aider à pleurer et à nous libérer d'une tension douloureuse. Pleurer fait du bien.

Rechercher des photos ou des films, les regarder en évoquant des souvenirs nous aide en effet à intérioriser la personne disparue, à la garder un peu plus longtemps en nous, avant de pouvoir accepter toutes les conséquences de la réalité de la séparation.

S'il s'agit du deuil de votre conjoint ou de votre conjointe, vous pouvez rassembler quelques photos de lui ou d'elle, vos préférées, dans un album tiré à plusieurs exemplaires, que vous transmettrez à vos enfants quand ils seront plus grands. En attendant, donnez-leur une photo de leur parent décédé, cela les aidera dans leur deuil. Vous pouvez aussi regarder ces photos ou ces vidéos en famille pour évoquer tous ces souvenirs communs.

Cependant, les images qui montrent le défunt avant son décès le figent à un âge précis, et dans une apparence qui ne changera plus au fil des années. Ces photos nous montrent la personne que nous aimons dans une apparente « immortalité ». Nous continuons à vieillir, à nous transformer, mais notre proche décédé reste figé toujours au même âge, comme si son vieillissement s'était arrêté à jamais, une fois pour toutes. Cette perception inchangée pourrait être un obstacle à notre travail de deuil.

De plus, entendre dans un film la voix de l'être cher que nous avons perdu est une expérience qui est souvent difficile à supporter, et qui peut réactiver une intense douleur.

Il y a donc des avantages et des inconvénients à regarder des photos et des films.

Quelquefois, il n'y a pas de photo de la personne décédée, par exemple lorsqu'il s'agit d'un enfant très jeune ou d'une interruption médicale de grossesse à un stade avancé.

Cette absence de support au souvenir peut être très difficile pour les parents. Les équipes hospitalières prennent parfois des photos de l'enfant mort, photos que les parents pourront aller chercher s'ils le souhaitent, même des mois plus tard.

Lorsque nous pouvons regarder des photos sans nous effondrer en larmes, avec une certaine sérénité, cela signifie que notre travail de deuil a bien avancé.

Comprendre : Revisiter nos souvenirs avec le défunt à l'aide de photos ou de films peut être une aide dans notre travail de deuil, pour créer un nouveau lien avec lui.

Mon conseil : Faites un album de photos du défunt et prévoyez-en un exemplaire pour chaque enfant concerné par ce deuil.

Idée fausse : Il est préférable de ranger toutes les photos, les voir fait trop mal.

Que faire lors des dates anniversaires et des jours de fête ?

Chaque année, nous traversons des dates qui ont été importantes et qui nous rappellent douloureusement la personne que nous avons perdue. La première année qui suit le deuil est particulièrement éprouvante.

Il y a d'abord toutes les dates associées à sa vie et à sa mort : sa date de naissance et celle de sa mort bien entendu, les dates liées aux souvenirs heureux ou marquants que nous avons partagés avec lui (date de la première rencontre, date de mariage, date de naissance des enfants, date d'un voyage important, date de la retraite, etc.).

Il est important de faire durant ces jours particulièrement douloureux quelque chose qui nous apporte un certain réconfort. Certains pourront, s'ils en ressentent le besoin, commémorer ces anniversaires de la manière qui leur convient le mieux, par exemple en partageant un repas avec leurs proches à la mémoire du défunt. Pour les parents ayant perdu un enfant, organiser un rituel à chaque date anniversaire peut les aider dans leur processus de deuil.

Puis il y a toutes les fêtes collectives, qu'elles soient consacrées au rituel de commémoration (le jour des morts le 2 novembre) ou associées aux saisons, c'est-à-dire liées aux cycles de la vie, de la naissance à la mort (Noël, Nouvel An, Pâques…). Pour les personnes en deuil, les jours de fête peuvent être particulièrement douloureux car ils rappellent un cycle de vie qui s'est arrêté. Voir les autres heureux alors que nous sommes profondément malheureux peut être très éprouvant, et même susciter une certaine agressivité. Faut-il renoncer à célébrer certaines de ces fêtes, et particulièrement Noël ? Chacun décidera ce qui lui semble le plus adapté, et aucune règle ne peut être valable pour tout le monde.

Que vous participiez ou non à certaines de ces fêtes, consacrez un petit moment pour évoquer le défunt et accomplir un rituel avec certains de vos proches. Autorisez-vous à montrer votre tristesse.

Chaque année, pensez à dire à vos proches comment vous envisagez de passer ces fêtes, car vos choix pourront varier d'une année à l'autre.

Gardons aussi à l'esprit que ces jours de fête peuvent consolider notre relation avec nos proches. En introduisant une pause dans notre solitude douloureuse, ils nous réconfortent en nous rappelant que nous appartenons toujours à un groupe.

Comprendre : Les dates anniversaires concernant le défunt et les jours de fête sont souvent des moments douloureux, même des années après le décès.

Mon conseil : Les jours anniversaires, faites quelque chose qui vous apporte du réconfort, et n'hésitez pas à accomplir un rituel (partager un repas, allumer une bougie…), ainsi que les jours de fête.

Idée fausse : Les jours anniversaires et les jours de fête, je dois absolument cacher ma tristesse.

LE PROCESSUS DE DEUIL

Que veut dire « faire son deuil » ?

Le deuil est un processus de cicatrisation psychologique qui se met en route lorsque nous devons faire face à une perte. Le plus souvent, il s'agit de la mort d'une personne que nous aimons. Mais la perte d'un animal de compagnie, d'un emploi ou même d'un idéal peut aussi déclencher un travail de deuil. Grâce au deuil, notre douleur actuelle se transforme en une douleur différente, moins intense et surtout plus tolérable. Le deuil nous aide à nous adapter à la nouvelle situation.

Aimer un être humain, c'est partager avec lui une multitude de liens : des besoins, des comportements et des habitudes, des souvenirs, des sentiments, des goûts, des idées, des croyances et des espoirs, des rêves et des fantasmes... Lorsqu'il disparaît, la relation que nous avions avec lui ne peut plus exister comme avant, et elle doit évoluer vers une relation nouvelle, différente car uniquement à l'intérieur de nous-mêmes.

Pour y parvenir, nous devons « dénouer » tous ces liens, un par un, comme on retire les filins qui retiennent une montgolfière à terre pour lui permettre de s'élever dans les airs. Il nous faut repartir dans le passé pour revisiter tout ce que nous avons vécu et partagé avec la personne qui vient de mourir, en se disant que c'est terminé et que plus jamais il n'y aura de fêtes d'anniversaire, de vacances, de projets, de

41

promenades avec elle… et ressentir émotionnellement ces prises de conscience. Cette démarche peut vous paraître trop douloureuse. Elle est pourtant nécessaire.

Ainsi, toute l'énergie que nous consacrions à nourrir ces liens devient disponible et nous devons trouver à qui ou à quoi la consacrer dorénavant. C'est elle qui nous permettra de nouer une nouvelle relation amoureuse ou de nous engager dans de nouvelles activités.

Pendant que nous créons ces nouveaux liens extérieurs, nous construisons, avec le temps, un autre lien avec la personne décédée. En effet, une présence concrète n'est pas obligatoire pour entretenir une relation. L'amour concret pour une personne présente physiquement évolue vers un amour abstrait pour une personne absente pour toujours. La relation ancrée dans une présence physique réelle laisse la place à une relation qui s'appuie sur des souvenirs, des photos, des objets. On dit que cette nouvelle relation est symbolique.

Ces liens extérieurs que nous devons couper sont autant de repères que nous perdons. Et le nouveau lien intérieur, pas encore construit, ne peut pas nous servir de repère intérieur. Nous sommes alors tel un navire perdu en pleine tempête, sans aucun phare pour nous montrer le chemin. Ce bouleversement complet s'accompagne d'une sensation profonde de vide, de manque et d'absence.

Faire le deuil, ce n'est pas seulement faire le deuil du défunt, mais aussi le deuil de ce que nous ne partagerons plus jamais avec lui (les repas, les vacances, toutes les tâches ménagères, les petits plaisirs quotidiens, l'intimité affective et sexuelle), des projets que nous voulions vivre ensemble, de ce qu'il ne pourra pas devenir et des rôles familiaux dont sa mort va nous priver. Ce sont ce qu'on appelle des « pertes secondaires ». Perdre un enfant jeune, c'est faire le deuil du père qu'il aurait pu devenir un jour, et donc le deuil de notre propre rôle de grand-parent. Perdre un mari, c'est aussi faire le deuil du grand-père qu'il ne sera pas ou plus.

Le deuil possède un autre aspect : nous devons nous adapter à un nouveau monde et parfois développer de nouvelles compétences pour assumer tout ce que faisait le défunt.

Cette transformation interne demande du temps. Elle a longtemps été décrite comme une succession d'étapes (voir aussi « Quelles sont les étapes du deuil »), mais une nouvelle conception du deuil la voit comme un ensemble de tâches à accomplir (voir aussi « Une nouvelle conception du deuil : les tâches du deuil »). Il nous est impossible de raccourcir la durée du deuil, encore moins de l'éviter. La seule chose que nous pouvons faire, c'est mettre en place les conditions qui permettront à notre deuil d'évoluer normalement, sans le freiner ni le bloquer.

Connaître ces étapes et ces tâches vous aidera dans votre deuil. Vous identifierez mieux toutes vos émotions (la tristesse, la détresse, la colère, la peur ou l'angoisse, la culpabilité, etc.), ce qui vous permettra de mieux les exprimer, condition indispensable au déroulement d'un deuil « normal ». Vous devez accepter de ne pas lutter contre elles.

Vous comprenez plus facilement maintenant que vous allez inévitablement changer à travers ce processus du deuil. Les différentes facettes de votre personnalité (votre intellect, vos compétences, votre intelligence émotionnelle, votre corps, votre spiritualité) évolueront, chacune à son rythme, donc pas nécessairement en même temps, ce qui peut être déstabilisant.

Votre évolution dans ce deuil dépendra de nombreux facteurs : de la qualité de votre relation avec la personne décédée, des conditions de sa mort, d'éventuels deuils résolus pouvant agir comme des ressources pour votre deuil présent, mais aussi d'éventuels deuils non résolus, qui augmentent votre souffrance et parasitent votre deuil actuel…

Le rôle du deuil est de vous apprendre à vivre avec l'absence de celui ou de celle que vous aimez.

Comprendre : Le deuil est un processus indispensable pour aller mieux.

Mon conseil : Acceptez de laisser libre cours à toutes vos émotions : pleurez, criez...

Idée fausse : Je peux raccourcir la durée de mon deuil pour reprendre le cours de ma vie le plus rapidement possible.

Quelles sont les étapes du deuil ?

Le deuil est souvent décrit comme une succession de plusieurs étapes (trois à sept selon les spécialistes) qui s'expriment par des symptômes douloureux. Mais cette description n'est qu'un modèle pour expliquer comment nous nous adaptons à des situations douloureuses. Cela ne veut pas dire que chaque personne en deuil passe inévitablement par ces étapes. Chaque deuil est vécu de manière très personnelle. Sachez que de nombreuses personnes ne souffriront que de très peu de symptômes de deuil et qu'elles ne se reconnaîtront donc pas dans cette description.

Pour simplifier, disons que le deuil comporte trois grandes phases, de durées variables et qui s'échelonneront sur plusieurs mois ou années : le déni, la désorganisation (se confronter à la perte), et la réorganisation (s'adapter à la perte). Chaque phase est elle-même constituée de plusieurs étapes.

Toutefois, ces étapes ne sont pas vraiment séparées les unes des autres, et l'ordre par lequel vous les traverserez éventuellement sera propre à votre deuil. Cet ordre sera différent pour une autre personne. Il est important d'accepter qu'autour de vous, chacun puisse vivre son deuil à sa manière. Il n'y a pas de norme, pas de règle, chaque deuil est unique. Ne prêtez pas attention à qui vous dira : « Tu en as pour un an, moi j'ai mis un an avant de faire le deuil de ma mère. »

Certaines étapes peuvent ne pas apparaître, et des retours à des étapes déjà traversées sont fréquents. Le deuil peut parfois s'arrêter, rester bloqué sur une des étapes, et ne reprendre que des années plus tard, à la suite d'un autre événement douloureux (voir aussi « Les complications du deuil »).

Nous avons déjà évoqué **la première phase, celle du déni** (voir aussi « Il est mort mais je n'arrive pas à y croire vraiment »).

Elle est habituellement suivie par une **seconde phase de désorganisation**, qui peut durer quelques mois, voire un an ou deux. C'est le moment où vous êtes vraiment confronté à la mort de votre proche. Elle se caractérise surtout par la colère, le marchandage et la dépression.

La colère traduit une révolte, et elle peut être dirigée contre tout le monde : contre vous-même, contre le corps médical, contre votre entourage, contre Dieu, et aussi contre la personne que vous venez de perdre (voir aussi « Je suis en colère »). Acceptez cette colère. Elle est normale et nécessaire car elle permet au deuil de poursuivre son évolution. La colère vous aidera à exprimer, et ainsi à réguler, vos émotions.

Vous pourrez peut-être observer une étape appelée « marchandage ». Que signifie ce terme dans le contexte du deuil ? Si votre proche a été malade, n'avez-vous jamais été tentés, dans la période d'accompagnement, de faire un « marché », bien sûr irréaliste, avec Dieu ou une entité magique ou spirituelle ? Ne lui avez-vous jamais promis telle ou telle chose en échange d'un répit, ou de la guérison de votre proche ? Et lorsque la mort survient, nous continuons cette tentative de marchandage. Elle s'exprime autrement, bien sûr : à travers les scénarios de ce qui aurait pu se passer si on avait fait telle chose au lieu de telle autre, si le médecin avait fait le diagnostic plus rapidement, si le défunt n'avait pas fumé etc. C'est une solution pour faire vivre encore la personne, en faisant cohabiter dans notre esprit la réalité et une autre réalité, virtuelle, dans laquelle notre proche continue de vivre. Ce tour de passe-passe, cette remontée du temps, fonctionne comme une transition qui nous permet de « souffler » un peu en modifiant l'histoire pour la remplacer par de nouvelles réalités virtuelles plus supportables. La prise de conscience que la réalité ne peut pas être changée viendra après.

Ce marchandage peut aussi nous rassurer sur l'avenir : puisque nous avons déjà beaucoup souffert, nous demandons à Dieu qu'il nous épargne et qu'il fasse que nous n'ayons pas à affronter d'autres drames. Nous aimerions tellement qu'il y ait une justice !

Quant au terme « dépression », il est mal choisi car il ne s'agit pas d'une maladie dépressive (voir aussi « Le deuil est-il une maladie ? »). Ce chagrin immense qui nous envahit n'est que la réaction normale à la perte très douloureuse que nous subissons.

L'apparition de ce vécu dépressif signifie que nous commençons à admettre que la personne qui nous a quittés ne reviendra jamais. C'est donc une étape souvent nécessaire et encourageante, et, pour en sortir, nous devons accepter de la traverser.

Bien que tous les symptômes d'une maladie dépressive (que l'on appelle « dépression majeure ») se trouvent réunis (tristesse, anxiété, culpabilité, désintérêt, perte d'estime de soi, insomnie et perte d'appétit, douleurs diverses, etc.), le deuil n'est pas considéré par les psychiatres comme une maladie. C'est une réaction normale face à une perte douloureuse. Malheureusement, encore trop de médecins prescrivent des antidépresseurs à une personne en deuil. Cette prescription, lorsqu'elle est systématique, peut être dommageable car elle risque de ralentir l'évolution du deuil (voir aussi « Je me demande si je dois prendre un médicament »).

Lorsque l'on souffre autant moralement, peut-on nous reprocher de chercher à fuir la souffrance ? Non bien sûr. Nous pouvons la fuir en nous plongeant de manière excessive dans plusieurs activités, dans l'alcool ou dans les médicaments. Mais pourtant, là encore, la solution n'est pas dans l'évitement mais dans l'acceptation, l'accueil de ce chagrin, même si l'évitement est nécessaire par moments. Acceptez cette souffrance et cette grande tristesse, et, à travers elles, découvrez toutes les facettes de votre deuil. À la tristesse et au chagrin, se mêleront d'autres émotions douloureuses - le désespoir, la culpabilité, l'angoisse, la honte, la colère -, qui seront parfois envahissantes et vous donneront l'impression d'une évolution chaotique, sans logique. Ne soyez pas surpris de voir réapparaître cette douleur morale à plusieurs reprises pendant toute la durée de votre deuil.

La troisième et dernière phase, celle de la réorganisation, correspond à la récupération et à la résolution du deuil : nous nous adaptons à la perte. Cette phase doit aboutir à l'acceptation de la mort : c'est la « fin » du deuil. Même pendant cette phase, vous pourrez revivre certaines réactions de la phase précédente, mais moins fréquentes et surtout moins douloureuses.

Cette phase de réorganisation, de reconstruction, se traduit par un retour à une vie plus « normale » : on recommence à apprécier certaines choses, à prendre des initiatives, le goût de vivre réapparaît progressivement. Mais on n'est plus le même, le deuil nous a changés. Parfois, le deuil permet une évolution nouvelle qui n'aurait pas été possible avant. On devient capable de s'attacher à nouveau à une autre personne, ou d'adhérer à de nouveaux projets.

Mais le deuil est un processus compliqué et tortueux, qui nous fait passer par des états très différents, parfois très rapidement, avec des retours en arrière et des bonds en avant. Pendant plusieurs mois ou années, vous serez surpris, certains jours de l'année, d'être envahi par une intense tristesse ou une grande fatigue. Il vous faudra quelques instants pour réaliser que ce jour correspond à un moment fort de votre vie de famille, à la date de naissance ou de décès de votre proche disparu, et si ce dernier est votre conjoint, à votre anniversaire de mariage.

Comprendre : Le deuil comporte trois grandes étapes : le déni, la désorganisation et la réorganisation.

Mon conseil : Ne vous précipitez pas sur un traitement antidépresseur !

Idée fausse : Après mon deuil, je serai comme avant.

Une nouvelle conception du deuil : les tâches du deuil

Pendant longtemps, on a expliqué le deuil comme une succession de phases que chaque personne endeuillée doit traverser pour aboutir à une résolution de son deuil.

Cette compréhension du deuil est maintenant remise en question. Certains spécialistes préfèrent le décrire comme un ensemble de tâches que chaque personne endeuillée doit remplir pour le résoudre. Alors que les phases sont des étapes que l'on doit traverser selon un ordre relativement fixe, il n'y a pas d'ordre pour remplir les tâches.

Le travail de deuil comporterait quatre tâches principales.

La première consiste à accepter deux réalités complémentaires.

La première réalité à accepter est celle de la perte. Vous devez reconnaître que votre proche est mort, que cette mort est irréversible, et que le défunt ne reviendra pas. Vous le reconnaissez intellectuellement ? Bien, mais cela ne suffit pas. La reconnaissance du caractère définitif de la mort doit se manifester aussi dans vos comportements, dans votre vie quotidienne. Par exemple en arrêtant de chercher dans la maison ou dans les lieux qu'il fréquentait l'être cher que vous avez perdu, en ne mettant plus son couvert à table, en rangeant ses vêtements et ses objets personnels, etc. À cette reconnaissance intellectuelle et concrète doit s'associer une reconnaissance émotionnelle, en acceptant de ressentir, « dans vos tripes », cette disparition.

La deuxième réalité à accepter est le nouveau monde, sans lui, dans lequel vous allez vivre maintenant.

La deuxième tâche porte plus particulièrement sur l'aspect émotionnel de votre deuil : acceptez d'en ressentir toute la souffrance, à la fois dans votre corps et dans votre esprit, c'est-à-dire physiquement et émotionnellement, car les deux sont indissociables.

Mais il est important que vous ressentiez aussi des émotions positives, en vous occupant de vous et en continuant d'avoir quelques activités agréables.

La troisième tâche consiste à vous adapter à votre nouvel environnement dans lequel votre proche n'est plus. Votre monde a en effet changé du fait de son absence définitive, et vous devez vous adapter et maîtriser ce nouvel environnement. Il y a des choses que vous ne faisiez jamais et que vous allez devoir prendre en charge, ce qui vous obligera à acquérir de nouvelles compétences (faire la cuisine, le jardinage, vous occuper des papiers…).

Enfin, votre quatrième tâche sera de transformer le lien qui vous unit encore au défunt, pour créer avec lui une nouvelle relation, non plus extérieure, mais intérieure. Vous vous sentirez alors disponible pour vous engager dans une autre relation affective ou dans d'autres activités. Vous devez changer et construire une autre identité, une nouvelle vision de vous, du monde et des autres, de nouvelles croyances.

Comprendre : Le deuil comporte quatre tâches principales :
- Réévaluer la nouvelle situation et l'accepter ;
- La ressentir émotionnellement ;
- Vous y adapter en trouvant des solutions pour régler les problèmes quotidiens ;
- La vivre socialement en acceptant votre nouvelle identité.

Mon conseil : Accordez-vous aussi quelques moments agréables.

Idée fausse : Je peux faire mon deuil sans changer.

Comprendre le processus d'adaptation au deuil

Le processus d'adaptation au deuil que vous allez découvrir ici a d'abord été conçu pour comprendre l'adaptation à la mort d'un conjoint. On pense que ce modèle est applicable aux autres types de deuil.

Perdre quelqu'un que nous aimons nous confronte à deux aspects : la douleur de la perte en elle-même et toutes les conséquences de sa mort dans notre vie quotidienne. Pour affronter ces deux aspects du deuil, nous utilisons deux catégories de stratégies. Ces catégories ne sont pas totalement indépendantes, elles se recoupent.

La première catégorie comprend deux attitudes opposées, toutes les deux utiles : nous confronter à la perte et éviter de nous confronter à la perte.

Nous nous confrontons à la perte en pensant aux souvenirs, en acceptant nos émotions et en les exprimant, en réfléchissant à la signification qu'a cette mort pour nous, ou en nous rendant au cimetière. C'est le travail de deuil tel qu'il est habituellement décrit (voir aussi « Que veut dire faire son deuil ? »).

Nous évitons la confrontation à la perte, c'est-à-dire la douleur, en fuyant les souvenirs, en nous distrayant (lire, écouter une musique qui n'évoque pas de souvenirs avec la personne disparue, aller au cinéma), en pensant à autre chose, ou en nouant de nouvelles relations. On essaye ici d'oublier.

Nous devons alterner les moments où nous nous confrontons à la souffrance avec, lorsque celle-ci est trop importante, des moments où nous essayons d'oublier en nous consacrant à autre chose. *Toujours* faire face ou *toujours* fuir aura des conséquences négatives sur notre santé tant psychologique que physique.

La seconde catégorie de stratégies concerne les conséquences de la perte, c'est-à-dire tous les changements provoqués par la mort de notre proche. Là aussi, nous pouvons les affronter ou les éviter. Affronter ces conséquences, ce sera acquérir, par exemple, de nouvelles compétences pour faire ce que notre proche faisait. Pour un conjoint, il s'agira d'apprendre à cuisiner, à faire la lessive ou à jardiner, à s'occuper des comptes, et à nouer de nouvelles relations sociales ou amicales. Non seulement nous continuons la vie quotidienne en nous y adaptant, mais nous fuyons en même temps la souffrance en pensant à autre chose. Cette stratégie nous amène à construire une nouvelle identité (je ne suis plus en couple mais je suis seul par exemple), une nouvelle image de nous-mêmes.

Mais nous pouvons aussi éviter de nous confronter aux changements en ne changeant rien dans notre quotidien, comme si notre proche était encore en vie. Nous rejoignons ici la notion de déni (voir aussi « Il est mort mais je n'arrive pas à y croire vraiment »).

Si nous voulons nous adapter à la mort d'un proche, il est souhaitable d'utiliser ces deux catégories de stratégies. On appelle ce processus une « oscillation », qui nous permet de « réguler » notre deuil. Nous passons volontairement d'un moment où nous nous confrontons à la douleur du deuil (nous nous isolons, regardons des photos, pleurons, et fuyons toutes les obligations du quotidien) à un autre moment où nous cherchons à oublier, à fuir les souvenirs et la douleur en nous changeant les idées, en nous distrayant ou en développant de nouvelles compétences, de nouvelles relations. Le choix de la stratégie dépend du moment que nous vivons, et aussi de l'évolution du deuil dans le temps. Les premiers jours du deuil, nous sommes plutôt dans la confrontation à la douleur, et plus nous avançons dans notre deuil, plus nous nous confrontons aux conséquences de la mort.

Une absence d'oscillation conduirait à un deuil compliqué (voir aussi « Les complications du deuil »). Soit nous restons en permanence dans la douleur et nous vivons alors un deuil chronique, soit nous continuons à vivre en évitant la douleur, en ne changeant rien à notre vie quotidienne et nous sommes alors dans le déni de la réalité de la mort, c'est-à-dire dans l'absence de deuil.

Une oscillation anormale produirait un deuil qui ressemblerait au stress post-traumatique. Malgré nos efforts pour éviter tout ce qui peut nous faire penser au défunt (vivre le quotidien, se distraire, nouer des relations nouvelles), nous sommes submergés, sans le chercher volontairement, par des images ou des souvenirs douloureux.

Comprendre : Un deuil normal se traduit par une oscillation volontaire entre des moments où nous nous confrontons à la douleur de la perte et des moments où nous tentons d'oublier notre deuil.

Mon conseil : Prenez le temps de faire des pauses dans votre travail de deuil quand la douleur est trop forte, et sans vous culpabiliser.

Idée fausse : Pour faire son deuil, il faut sans cesse penser à la personne décédée.

Qu'est-ce que le deuil « anticipatoire » ?

Lorsque nous accompagnons une personne malade vers sa mort, nous faisons son deuil avec anticipation.

Dans ce deuil anticipatoire, nous nous tournons vers un avenir que nous savons inéluctable plus ou moins rapidement, alors que dans le deuil qui suit une mort, nous nous retournons vers le passé.

Le deuil anticipatoire et le deuil qui se déroule après la mort sont deux processus différents et indépendants. Faire ce deuil anticipatoire, c'est-à-dire nous préparer à la mort de notre proche, ne nous dispensera pas du travail de deuil après celle-ci. Le deuil anticipatoire n'est que le début du processus de deuil, qu'il ne raccourcira pas obligatoirement. Et comme pour tous les deuils, le deuil anticipatoire est différent d'une personne à une autre. Il n'y a pas de norme.

Une maladie chronique nous laissera le temps de passer par toutes les étapes du deuil, ce qui ne sera pas forcément le cas si nous accompagnons un proche atteint d'un cancer ou d'une autre maladie grave et rapidement évolutive. Le deuil anticipatoire peut même se résumer à une émotion du deuil, par exemple la culpabilité de se sentir en deuil alors que la personne est encore vivante.

Comprendre : Faire un deuil anticipatoire, c'est anticiper la mort de notre proche et nous engager dans le processus de deuil.

Mon conseil : Même si vous avez eu le temps de vous préparer à la mort de votre proche, vous aurez peut-être quand même à faire votre travail de deuil après son décès.

Idée fausse : Si je me prépare à la mort de mon proche pendant sa maladie je ne souffrirais pas après sa mort.

Le deuil est-il le même pour tout le monde ?

Non bien sûr (voir aussi « Les étapes du deuil »). Bien que l'on retrouve de manière universelle les différentes étapes du deuil (choc et déni, dépression, acceptation), celles-ci peuvent se mélanger, ne pas être toutes présentes ou être de durées variables. Si bien qu'il n'y a aucune norme, aucune règle. Chaque deuil est unique, et dépendra de très nombreux facteurs, qu'il s'agisse de votre histoire personnelle, de vos souffrances passées, des pertes diverses que vous avez dû affronter, de vos ressources psychologiques, mais aussi de la société dans laquelle vous vivez, de votre culture, du soutien dont vous bénéficiez, etc.

Certaines personnes parcourront le processus de deuil sans détresse importante (il semble que ce soit même assez fréquent, sans que cela soit obligatoirement anormal ou évocateur d'une complication), alors que d'autres sombreront dans une dépression très grave ou tenteront de se suicider.

Vous comprenez pourquoi il ne faut jamais comparer votre deuil à celui de votre conjoint ou à celui d'un ami. De plus, l'homme et la femme expriment leur deuil souvent de manière assez différente.

Le deuil est décrit comme un processus toujours évolutif, changeant en fonction du moment dans lequel se trouve la personne en deuil et de la situation qu'elle doit affronter. Confrontés au deuil, nous cherchons à en réduire les conséquences sur notre bien-être psychologique et physique. Cette adaptation se fait grâce à deux processus complémentaires (voir aussi « Comprendre le processus d'adaptation au deuil »).

Le premier nous aide à supporter la réalité de la mort de notre proche. Les moyens que nous utilisons pour y parvenir appartiennent à deux solutions totalement opposées : soit nous nous confrontons aux pensées douloureuses en exprimant nos émotions, soit nous faisons tout pour les éviter. On appelle ce processus, qui concerne le deuil du lien avec le défunt, « orientation vers la perte ».

Le second processus nous aide à nous adapter aux nombreuses conséquences de sa mort. Là encore, les moyens disponibles se répartissent entre deux options opposées : soit nous affrontons les changements inévitables liés aux conséquences du décès (nous occuper des tâches dévolues auparavant à notre proche décédé), soit au contraire nous les évitons. On appelle ce processus, qui concerne l'évolution de notre personnalité, « orientation vers la restauration ».

Ces deux processus sont nécessaires pour nous permettre de nous adapter au deuil. Nous « oscillons » sans cesse entre eux, et selon les différentes caractéristiques de cette oscillation, notre deuil sera spécifique et différent de celui des autres personnes endeuillées.

L'oscillation entre les deux processus complémentaires du deuil (affronter ou fuir les pensées et les émotions douloureuses liées à la personne disparue, et s'adapter plus ou moins bien aux conséquences de sa mort) est variable pour chaque endeuillé. Chaque deuil est donc différent.

Comprendre : Le deuil est un phénomène qui est le même pour tout le monde.

Mon conseil : Acceptez que vos proches vivent leur deuil d'une manière différente de la vôtre.

Idée fausse : Je dois tout faire pour éviter ma souffrance.

Un deuil peut-il être terminé un jour ?

Le deuil est un processus normal de cicatrisation qui prend du temps, parfois plusieurs années. Mais ce processus se termine-t-il vraiment un jour ?

Il arrive que le deuil se complique et continue de s'exprimer sans s'apaiser malgré les années qui passent. Nous parlons alors de « deuil chronique » car les thèmes dépressifs persistent ainsi que les émotions douloureuses (colère, culpabilité, anxiété, etc.) et les ruminations centrées sur le défunt. C'est un deuil sans fin. Les personnes qui ont vu la Reine Victoria porter le deuil de son mari le Prince Albert pendant tout le reste de sa vie pourraient croire que jamais le deuil ne se termine.

Plusieurs études ont montré que de nombreuses personnes (30 % des endeuillés voire beaucoup plus) n'étaient toujours pas parvenues à la phase de récupération, de cicatrisation du deuil sept années après le décès. Dans d'autres études, 15 à 20 % des personnes endeuillées présentaient pendant très longtemps d'importantes difficultés d'adaptation.

Même lorsque le processus de deuil évolue de manière satisfaisante, il est normal de ressentir de temps en temps (par exemple au moment des dates anniversaires) une tristesse, une douleur morale, une nostalgie : ces émotions témoignent de la persistance d'une cicatrice qui parfois se rouvre. La douleur liée à l'absence refait surface dans un certain nombre de circonstances. Il est impossible de redevenir « comme avant ».

La notion de « deuil terminé » ne semble donc pas réaliste. Le deuil aboutit dans la majorité des cas à une cicatrisation qui permet de ne plus souffrir au quotidien de la disparition d'un être cher. Mais ces moments de tristesse qui resurgissent démontrent que le processus de deuil n'est jamais totalement fini.

Ceci est particulièrement vrai pour les enfants en deuil d'un parent. Leur immaturité explique que le processus de deuil évolue chez eux jusqu'à leur âge adulte. Le vécu lié à la perte et à ses conséquences est sans cesse retravaillé au fur et à mesure que l'enfant se développe tant intellectuellement qu'émotionnellement.

Comprendre : Le processus de deuil aboutit dans le meilleur des cas à une cicatrisation indolore. Mais le réveil de la cicatrice à certaines occasions démontre qu'il n'est jamais totalement terminé.

Mon conseil : Acceptez de changer au fur et à mesure que votre deuil évolue et ne cherchez pas à redevenir comme avant le décès.

Idée fausse : Une fois que le deuil est fait, il est terminé et on redevient comme avant.

Les complications du deuil

Le deuil est un processus normal, qui nous permet de nous adapter à la perte d'un être cher. La plupart des deuils évoluent, plus ou moins vite, vers une « résolution du deuil ». En fait, cette résolution est une cicatrisation. Non seulement nous acceptons l'irréversibilité de la mort mais notre personnalité change et se réorganise. Nous devenons capables de nous adapter à ce nouveau monde qu'est devenu notre environnement privé de la personne que nous aimons encore.

De nombreuses personnes en deuil ne présenteront que peu de réactions douloureuses, voire aucune. Deux cas sont alors possibles, qu'il est parfois difficile de distinguer. Dans le premier, les endeuillés s'adaptent particulièrement vite à la perte de leur proche. On dit qu'ils sont résilients. Parfois, ils ont pu faire une grande partie de leur travail de deuil avant le décès, lorsque la maladie leur a laissé le temps d'accompagner leur proche (voir aussi « Qu'est-ce que le deuil anticipatoire ? »). Dans le second cas, l'absence de réaction douloureuse traduit l'incapacité de ces personnes à commencer leur deuil. Elles souffrent d'un deuil inhibé ou absent (voir plus bas), qui sont des complications du deuil.

Certaines études montrent en effet qu'un endeuillé sur cinq souffre de complications. du deuil. On en distingue deux grandes catégories.

Dans la première catégorie, l'évolution normale du deuil est perturbée, mais peut être corrigée.

Soit le **deuil ne commence pas** : il peut s'agir d'un deuil inhibé ou d'un deuil absent.

Dans le *deuil inhibé*, la personne reconnaît intellectuellement le décès mais décide consciemment ou non de repousser le deuil, par exemple pour des raisons familiales. Elle n'exprime alors aucune émotion, ce qui est parfois pris à tort pour de l'insensibilité. Les émotions absentes sont souvent remplacées par des symptômes physiques, comme des douleurs.

Dans le *deuil absent*, l'endeuillé se comporte comme si la mort n'était pas survenue. La mort n'étant pas reconnue, la personne n'a que la séparation à supporter. Les réactions habituelles du deuil ne surviennent qu'après plusieurs semaines.

On pense maintenant que ces types de deuil sont très rares.

Soit **le deuil se bloque** pendant la phase dépressive qui se prolonge de manière ininterrompue.

Les symptômes dépressifs deviennent permanents : la dépression normale du deuil s'est transformée en un deuil prolongé, qu'on appelle souvent « deuil compliqué ». Le deuil devient chronique et ne débouche jamais sur la phase d'adaptation à la perte. C'est la plus fréquente des complications du deuil. L'endeuillé est incapable de nouer une nouvelle relation intériorisée et sereine avec le défunt. La douleur persistante représente le moyen le plus sûr de conserver un lien avec ce dernier, ne plus souffrir risquant de lui faire perdre ce lien. Comme si la souffrance était préférable au vide que l'endeuillé voit devant lui, et ce d'autant plus qu'il était très dépendant de son proche décédé. Continuer à souffrir devient alors un signe de fidélité à la personne disparue. La peur irrationnelle de trahir celle-ci en allant mieux peut rendre nécessaire un soutien extérieur pour aider l'endeuillé à sortir de son deuil.

Dans certains cas, le deuil se bloque au moment de l'annonce du décès, qui est vécue comme un événement traumatisant. Tout comme lorsque le deuil survient dans des conditions particulièrement traumatiques pour la personne qui a failli elle-même mourir (catastrophes naturelles, attentats, accidents…) ou a été le témoin de la mort brutale et inattendue de son proche. Il s'agit alors d'un deuil traumatique qui se traduit par un syndrome de stress post-traumatique et qui fige la personne en deuil dans un état très douloureux (elle revit l'événement traumatique dans ses cauchemars mais aussi durant la journée dans ce qu'on appelle des flash-back). L'évolution du deuil est alors bloquée.

Enfin, le deuil, au lieu d'aboutir à une nouvelle personnalité mieux adaptée à son environnement, peut donner naissance à une personnalité mal équilibrée responsable d'un plus mauvais fonctionnement quotidien, de troubles du caractère (colère) ou de la persistance d'émotions douloureuses telle que la culpabilité.

La seconde catégorie correspond aux *deuils psychiatriques*. Généralement, ils surviennent chez des gens dont la personnalité fragile est déstabilisée par le deuil. Leur personnalité pathologique, qui ne s'exprimait pas toujours avant le décès, fait surface à l'occasion de celui-ci. Il peut s'agir de l'apparition d'une maladie mentale (une maladie dépressive qui peut atteindre parfois la gravité d'une dépression mélancolique, un état d'excitation maniaque, des troubles obsessionnels compulsifs...) ou d'un comportement néfaste pour la personne (alcoolisme, tentative de suicide ou autres comportements autodestructeurs...).

La maladie dépressive et le deuil compliqué, malgré une apparente ressemblance, ne sont pas équivalents. Les différences les plus importantes portent sur la tristesse, la culpabilité et le désintérêt.

La personne dépressive est envahie par la tristesse et sa culpabilité porte sur des faits anciens et actuels : tristesse et culpabilité sont généralisées, tout comme son incapacité à s'intéresser à ce qu'elle aimait avant d'être malade.

Dans le deuil compliqué, l'endeuillé n'est triste qu'en raison de l'absence de son proche, et sa culpabilité ne concerne que sa relation avec ce dernier, qui reste son seul sujet d'intérêt.

Rappelons enfin que les maladies physiques peuvent être facilitées par le deuil (voir aussi « J'ai peur de tomber malade après mon deuil » et « J'ai des douleurs ou des troubles physiques »).

Connaissant la possibilité de toutes ces complications, il est tentant d'essayer de les prévenir.

Certains signes pourraient-ils prédire, par leur seule présence, l'évolution vers un deuil compliqué ? Malheureusement non. La frontière entre le deuil normal et le deuil compliqué n'est en effet pas toujours très claire. C'est plutôt la persistance des symptômes au-delà de quelques mois et leur intensité très forte qui doivent alerter et conduire à consulter, d'autant plus que cet état entraîne des conséquences négatives sur le plan familial, professionnel ou social.

Comprendre : Parfois, le deuil se complique, soit en se bloquant, soit en provoquant l'apparition de maladies psychiatriques ou physiques.

Mon conseil : Consultez si votre souffrance dure trop longtemps, si vous êtes envahi par la culpabilité, si vous êtes seul, si vous avez des idées de suicide persistantes, si vous avez des antécédents psychiatriques, si votre proche s'est suicidé, et si vous avez des maladies physiques (cardiaques, tumorales).

Idée fausse : Il est anormal de ne pas être déprimé à la suite du décès d'un proche.

VOS CROYANCES ET VOS DOUTES

Personne ne peut m'aider

Confrontés au drame que représente la mort d'un être cher, nous nous sentons complètement seuls et abandonnés, convaincus que notre souffrance se trouve au-delà de toute aide envisageable. Est-ce vrai ?

Non, bien sûr, car plusieurs personnes sont prêtes à nous soutenir : parents, amis, proches, thérapeutes, chacun à sa façon.

De nombreux proches, parents ou amis, vont nous apporter leur soutien. L'empathie, la compassion que nous sentons chez eux nous montrent à quel point ils prennent en compte notre malheur, notre souffrance et tout ce que nous devons affronter de douloureux.

Leur présence aux obsèques, à nos côtés, est déjà très importante. C'est une manière de nous montrer leur affection.

Mais les obsèques ne durent que quelques heures, et il est important de ne pas rester seul les jours qui suivent. Les proches et les amis doivent continuer à manifester leur présence, car, après les obsèques, la vie continue comme avant pour la majorité des gens, ce qui risque de nous faire croire à tort que notre drame est déjà oublié.

Un proche ou un ami peut venir habiter avec nous pendant quelques jours, surtout si nous avons des enfants jeunes qui ont besoin que l'on s'occupe d'eux. Pour un parent en deuil de son conjoint ou en deuil d'un enfant, s'occuper des repas des enfants, de leurs vêtements, les conduire à leurs activités et à l'école, leur donner le bain deviennent des tâches très difficiles à assumer les premiers temps du deuil. Pour les personnes croyantes, le parrain ou la marraine sont peut-être les mieux placés pour s'occuper de leur filleul en deuil d'un de ses parents. Il est important de prévenir l'école de ce que vit l'enfant. Les enseignants comprendront mieux ses réactions parfois inhabituelles et éviteront des punitions qui seraient totalement inadaptées.

Notre détresse nous rend souvent incapables d'assumer toutes les démarches administratives, parfois compliquées, auxquelles nous devons faire face. L'aide d'un proche est souvent la bienvenue. Comme peut l'être sa proposition de nous accompagner au cimetière ou au columbarium.

Nos proches peuvent encore nous aider tout simplement en parlant avec nous de la personne que nous venons de perdre, en évoquant des souvenirs, en nous aidant à exprimer nos émotions douloureuses, que ce soit notre tristesse, notre colère, notre incompréhension ou nos inquiétudes face à l'avenir… Car nous avons souvent beaucoup de difficultés à parler de la personne décédée, préférant alors rester silencieux et enfermés dans notre douleur. Il faut nous prendre par la main et nous amener à parler, sans crainte de nous voir fondre en larmes. Pleurer nous fait du bien.

Nos proches peuvent aussi être présents en nous écrivant ou en nous téléphonant.

Parfois, nous aurons besoin d'une autre aide, celle d'un thérapeute, que ce soit un médecin, un psychiatre ou un psychologue. Si nous refusons de faire appel à cette aide extérieure, un de nos enfants, si nous en avons, peut choisir de jouer ce rôle de soutien et de confident afin de nous protéger, au risque de ne plus être attentif à ses propres besoins ni à son propre travail de deuil. C'est la raison pour laquelle nous devons parfois faire cette démarche thérapeutique, surtout si certains symptômes persistent trop longtemps ou restent trop intenses malgré le temps qui passe. Le thérapeute nous aidera à avancer.

Enfin, l'aide peut venir de groupes d'entraide de personnes endeuillées. Il est parfois plus facile de parler, de pleurer devant des personnes qui partagent la même souffrance. Participer à un tel groupe redonne souvent de l'espoir.

Comprendre : Face au deuil, la détresse s'accompagne très souvent d'un immense sentiment de solitude et d'abandon qui nous pousse à nous replier sur nous-mêmes et à nous isoler.

Mon conseil : Acceptez, et même demandez l'aide de vos proches, et, si besoin, l'aide d'un thérapeute.

Idée fausse : Je suis seul dans mon deuil et personne ne peut m'aider.

J'ai peur de tomber malade après mon deuil

On entend souvent dire que vivre un deuil peut provoquer l'apparition d'une maladie grave. Qu'en est-il vraiment ?

On retrouve fréquemment certains symptômes physiques dans les mois qui suivent un deuil : maux de tête, transpiration excessive, perturbations digestives (vomissements, perte ou augmentation de l'appétit, amaigrissement, difficultés à avaler), vertiges, douleurs dans la poitrine, palpitations, essoufflements. Beaucoup de ces signes sont bénins et disparaîtront rapidement. Certains seront en relation avec des maladies plus graves.

De nombreuses études montrent que les veufs et les veuves ont plus de maladies que les personnes mariées du même âge. De plus, les personnes veuves ont en moyenne six fois plus de risques de mourir que les personnes mariées ou divorcées. Plus concrètement, les hommes veufs vivent trois ans de moins que les hommes mariés du même âge.

Mais ce constat n'a pas été démontré pour les autres types de deuils.

De plus, l'homme et la femme ne sont pas égaux face à ce risque : le veuf âgé de moins de soixante-quinze ans a plus de risques de développer des problèmes de santé, ou de mourir, qu'une veuve du même âge. Ce risque plus important persiste chez l'homme pendant les neufs mois qui suivent le décès de sa compagne, alors que pour la femme il est moins élevé et ne dure que les trois premiers mois.

Les maladies cardio-vasculaires sont une des causes principales de la plus grande mortalité chez les personnes veuves : perdre son conjoint « brise le cœur ». Une étude a montré que les personnes en deuil ont un cœur qui bat plus rapidement et que le système nerveux qui contrôle les battements du cœur (le système nerveux autonome) reste perturbé pendant plusieurs mois après le décès. Le suicide est également beaucoup plus fréquent dans la première semaine qui suit le deuil. Les veufs se suicident 66 fois plus que les autres hommes, et les veuves 10 fois plus que les autres femmes.

En ce qui concerne les autres types de deuil, des études montrent qu'il existe un risque un peu plus élevé de développer des problèmes de santé dans l'année qui suit un deuil, mais pas autant que l'on pouvait le croire.

Quant aux cancers, aucune preuve ne démontre actuellement qu'ils sont augmentés chez les personnes en deuil. On sait néanmoins qu'un stress important peut affaiblir les défenses immunitaires, favorisant le développement de tumeurs. C'est pourquoi, si votre état de santé est déjà particulièrement fragile (consommation excessive de tabac, d'alcool, antécédent de cancer, etc.), restez vigilant et demandez conseil à votre médecin.

Comment expliquer que le deuil puisse favoriser l'apparition ou l'aggravation de certaines maladies ? Certains problèmes de santé dont vous souffrez déjà peuvent être aggravés par votre deuil, et plus particulièrement s'il s'agit d'un veuvage. Votre souffrance psychologique peut en effet vous détourner de l'attention normale que vous devriez porter à votre santé, et vous empêcher de consulter votre médecin suffisamment tôt.

Certaines situations peuvent également favoriser l'apparition de problèmes de santé physiques dans les suites de votre deuil : si vous avez déjà souffert d'une dépression ou d'un trouble anxieux, si vous souffrez encore d'un deuil ancien non cicatrisé ou si vous êtes bloqué pour exprimer vos émotions, Enfin, une chose est certaine : toutes les études démontrent que le deuil se complique d'une forte augmentation de la consommation de tabac, d'alcool, de tranquillisants et de somnifères, qui peuvent bien entendu entraîner des effets très néfastes sur votre santé. Les conséquences, de l'alcoolisme notamment, sont particulièrement graves. Il augmente le vécu dépressif, la culpabilité, la honte, et favorise le passage à l'acte suicidaire, sans compter tous ses effets sur la santé physique.

Comprendre : Le deuil est associé à plus de problèmes de santé physique et à une mortalité plus importante, surtout chez les veufs, chez les personnes déjà malades et chez celles ayant déjà souffert de troubles psychologiques.

Mon conseil : Surveillez votre consommation de tabac, d'alcool, de tranquillisants ou de somnifères, et demandez systématiquement conseil à votre médecin.

Idée fausse : Après mon deuil, je vais sûrement développer une maladie grave.

Je me demande si je dois prendre un médicament

Souffrir d'anxiété, être la proie d'attaques de panique, être triste, insomniaque, fatigué ou déprimé peut vous pousser à demander une aide médicamenteuse à votre médecin.

L'angoisse comme la difficulté à s'endormir peuvent être traitées par la prise d'un tranquillisant, souvent une benzodiazépine, comme du Lexomil®, du Seresta® ou du Temesta®. Ces médicaments apaiseront votre anxiété ou vos attaques de panique et vous aideront à mieux dormir, mais ils ont en commun le risque de provoquer une dépendance. Plus longtemps vous les prendrez, plus vous aurez de difficultés à les interrompre. Faites régulièrement le point avec votre médecin pour les réduire progressivement et éviter de rentrer dans une consommation chronique.

Si vous avez des symptômes dépressifs (tristesse, fatigue, insomnie, perte de l'appétit, envie de rien, etc.), votre médecin pourra être tenté de vous prescrire un antidépresseur. Cette catégorie de médicaments est destinée à traiter certaines maladies qu'on appelle des dépressions. Or, le deuil n'est pas une maladie, mais une réaction normale qui permet d'accepter l'irréversibilité de la perte d'un être aimé et de s'y adapter. Prendre un antidépresseur a plusieurs inconvénients. Non seulement il n'aura généralement aucune influence positive sur ce que vous vivez, mais il provoquera souvent des effets secondaires gênants (somnolence, nausées, prise de poids, bouche sèche et difficulté pour parler, baisse ou disparition du désir sexuel, etc.). Et si toutefois vous ressentez moins de tristesse ou moins d'émotions douloureuses, cet « émoussement émotionnel » vous privera du carburant du deuil que sont les émotions. Le processus de deuil risque alors d'être bloqué, et reporté à plus tard. Les antidépresseurs soignent la maladie dépressive mais pas le deuil.

Il y a toutefois certaines circonstances où un traitement antidépresseur sera utile, même en l'absence d'une maladie dépressive avérée. Chaque situation doit faire l'objet d'une évaluation soigneuse par le médecin qui prendra en compte les circonstances du décès, la souffrance de la personne, son contexte de vie, ses antécédents psychiatriques, le soutien familial et social dont elle bénéficie, etc.

Parfois, le deuil se complique de l'apparition d'une dépression majeure ou d'une dépression mélancolique qui devront être traitées par des médicaments antidépresseurs ou même des électrochocs. L'hospitalisation est obligatoire en ce qui concerne la mélancolie car le risque suicidaire est très important.

Comprendre : La prise d'un traitement médicamenteux est parfois justifiée, pour calmer une anxiété trop forte ou vous aider à dormir, mais sur une durée courte.

Mon conseil : Dans la mesure du possible, et en accord avec votre médecin, évitez les antidépresseurs qui risquent de freiner l'évolution de votre processus de deuil.

Idée fausse : Il ne faut jamais prendre de médicaments à cause d'un deuil.

Dois-je me détacher complètement du défunt ou puis-je conserver un lien avec lui ?

On a cru longtemps que pour faire le deuil d'une personne aimée, il fallait rompre tous les liens avec elle. Chercher à les maintenir était considéré comme quelque chose d'anormal, de pathologique, qui entravait le processus de deuil. Comment rompre tous ces liens ? En décidant d'affronter volontairement tous les souvenirs, toutes les pensées et toutes les émotions douloureuses liées au défunt, pour mieux se séparer de lui.

Cette vision du deuil est maintenant remise en question. Certains spécialistes pensent que maintenir un lien d'attachement avec la personne décédée faciliterait le processus de deuil. Le travail de deuil consisterait alors à créer un *nouveau lien* avec elle. Bien entendu, tous les liens faisant intervenir sa présence physique doivent être défaits puisqu'elle n'est plus là. Mais les liens intérieurs doivent évoluer pour parvenir à une nouvelle relation avec elle, plus sereine. Dans cette optique, les personnes qui maintiennent ce type de lien sont considérées comme ayant une bonne santé psychologique.

Néanmoins, les avis restent encore partagés. On a en effet constaté que plus les personnes en deuil restaient fortement attachées à certains objets de leur proche décédé, plus elles souffraient. Mais dans certaines cultures (au Japon, en Inde notamment), les gens maintiennent un lien permanent avec leurs ancêtres sans que leur santé n'en pâtisse.

Le travail du deuil contient en réalité un mécanisme normal qui nous permet de rester en lien avec notre proche décédé. Au cours d'un deuil, nous nous identifions au défunt en lui « empruntant » certains traits de caractère, un centre d'intérêt, une habitude, une manière de parler ou de s'habiller, un tic, etc. Lui « ressembler » est une façon de maintenir un contact avec lui. Cette identification est nécessaire au bon déroulement du deuil, mais elle ne doit pas être trop importante. Elle risque sinon de masquer notre personnalité ou de nous pousser dans des domaines qui ne sont pas faits pour nous. Généralement, elle s'estompe avec le temps.

Le maintien d'un lien avec la personne disparue sera bénéfique pour certains et néfaste pour d'autres. Tout dépendra du type de lien. Garder une pièce entière du logement consacrée à notre proche, remplie de photos et d'objets lui ayant appartenu, risque de bloquer le deuil. Il sera préférable alors de réduire ce lien, par exemple à quelques photos, ou de le transformer en un lien plus symbolique, comme un rituel, si cette solution est source de bien-être pour la personne en deuil.

Maintenir le lien avec notre proche décédé se fait aussi en parlant des bons souvenirs vécus avec lui. Il a été montré que les personnes en deuil qui pouvaient évoquer ces émotions positives étaient celles qui s'adaptaient le mieux à leur deuil.

Comprendre : Le travail de deuil consiste à rompre tous les liens extérieurs avec la personne décédée pour créer un nouveau lien intérieur.

Mon conseil : Ne construisez pas dans votre logement un sanctuaire uniquement consacré à votre proche disparu.

Idée fausse : Pour ne plus souffrir, je ne dois plus avoir aucune attache avec le défunt.

Que signifie : « accepter » ?

Le mot « acceptation » a un sens très particulier : il signifie que nous reconnaissons, admettons que l'absence physique du défunt est définitive et irréversible. Nous acceptons ce qui est arrivé et nous acceptons de devoir vivre avec. Cela ne veut pas dire que nous nous consolons de sa disparition. Pas encore.

Avant l'acceptation, il y a souvent la résignation. Nous n'avons pas le choix, la mort nous sépare d'une personne que nous aimons, et nous ne pouvons que nous résigner face à cette réalité. Il est inutile de nous battre, nous ne reviendrons pas à la situation d'avant la mort. C'est passivement que nous nous résignons.

L'acceptation arrive ensuite. Nous commençons alors à admettre que la séparation sera définitive (sur terre seulement pour les croyants). L'acceptation est indispensable à notre évolution psychologique, car elle permet de nous adapter à cette nouvelle situation : celui que nous aimons n'est plus. L'acceptation ouvre la porte à notre reconstruction. C'est un processus plus actif.

Peut-être avez-vous pu déjà faire ce travail d'acceptation, sans nécessairement vous en rendre compte, si vous avez eu le temps d'accompagner votre proche durant sa maladie, et si cet accompagnement s'est déroulé de manière satisfaisante. C'est après sa mort que vous avez pu prendre conscience du deuil anticipatoire que vous aviez fait, sans le savoir (voir aussi « Qu'est-ce que le deuil anticipatoire ? »). Cela peut expliquer pourquoi vous ne souffrez pas ou peu après le décès.

Accepter la réalité de la mort de celui qu'on aime, c'est aussi accepter tous les changements qui sont des conséquences inévitables du deuil. Ils concernent nos relations avec la personne décédée bien sûr (on a construit une nouvelle relation avec elle), mais aussi nos relations avec les autres, avec le monde et avec nous-mêmes.

Comprendre : Pour nous reconstruire, nous devons accepter la réalité de la mort, c'est-à-dire admettre que notre proche ne reviendra jamais.

Mon conseil : Demandez une aide extérieure si vous vous rendez compte que vous n'arrivez pas à accepter la réalité de la mort de votre proche.

Idée fausse : Accepter, c'est simplement se résigner.

Le deuil est-il une maladie ?

Vivre un deuil se traduit par une souffrance, des émotions inhabituelles, des changements dans notre caractère. Toutes ces manifestations ne sont que le reflet d'une adaptation normale à la perte d'une personne que l'on aime.

La souffrance morale, que l'on ressent comme un immense chagrin, une infinie tristesse, ressemble beaucoup à une maladie dépressive. Cette ressemblance ne doit toutefois pas conduire à confondre la dépression « normale » du deuil et la maladie dépressive. En effet, lorsque celle-ci survient dans les suites d'un deuil, elle en est une complication et se manifeste par des symptômes sensiblement différents (voir aussi « Les complications du deuil »).

La « dépression » normale du deuil survient généralement plusieurs mois après le décès. Elle peut être très variable dans son intensité, mais aussi dans son apparence. On retrouve certains des symptômes de la maladie dépressive : un sommeil perturbé, non réparateur, avec des cauchemars, une perte d'appétit avec parfois un amaigrissement, des réactions corporelles (des douleurs, une plus grande sensibilité aux infections, l'apparition d'une maladie), une incapacité à se bouger, à agir ou à penser, une fatigue, des difficultés de concentration, des trous de mémoire, une irritabilité, un jugement parfois altéré, une perte du plaisir pour tout ou presque, une incapacité à faire des projets, une dévalorisation avec perte d'estime pour soi-même, un repli sur soi, etc. Parfois le suicide peut nous apparaître comme une solution, avec même l'espoir de retrouver la personne décédée dont nous ne supportons pas le manque.

Cet état de profonde tristesse est normal, et il est important de l'accepter et de ne pas lutter contre lui. Ne soyez pas surpris par son évolution très variable, car cet état « dépressif » peut apparaître ou disparaître d'une journée à l'autre, et parfois même d'une heure à l'autre. Beaucoup de personnes en deuil apprennent à le laisser venir comme une vague. Ce n'est qu'au bout d'une durée très variable selon les personnes en deuil, mais que l'on compte en mois, qu'il va progressivement s'estomper. Certaines circonstances auront le pouvoir, parfois des années après le deuil, de réactiver votre tristesse, notamment les fêtes de famille, Noël, et les dates anniversaires.

Ne cherchez pas à faire taire votre chagrin. Au contraire, acceptez votre peine et exprimez-la, par tous les moyens qui peuvent vous aider. Acceptez de pleurer, même devant les autres. Il est donc logique d'éviter, autant que possible, les traitements antidépresseurs. Ils risquent en effet de ralentir l'évolution de votre deuil, car ils vont « anesthésier » une partie de vos émotions. Et vos émotions sont nécessaires pour avancer et aller mieux. Sachez que les antidépresseurs ne pourront jamais vous éviter ce parcours du deuil, mais seulement le ralentir.

Mais pourquoi cette « dépression » ? Lorsque nous devons changer notre relation avec la personne décédée, nous devons rompre tous les liens qui nous reliaient à elle, pour reconstruire une autre relation totalement intériorisée. Nous avions investi psychologiquement cette personne, et nous devons maintenant la désinvestir en partie, car elle n'est plus là. À ce processus s'ajoutent d'autres facteurs négatifs : la fatigue, tant physique que morale, parfois conséquence d'un accompagnement plus ou moins long avant le décès, et la tension psychologique épuisante nécessaire pour gérer tous les problèmes de la vie quotidienne.

Paradoxalement, cet état « dépressif » semble souhaitable. Sa présence serait un bon signe de l'évolution du deuil, même s'il s'accompagne d'un sentiment de chaos intérieur. Cette désorganisation temporaire est une transition vers un nouvel état, plus stable et différent. Nous verrons que considérer l'apparition d'un état dépressif comme absolument nécessaire pour faire son deuil est maintenant remis en question (voir aussi « Le chagrin et la souffrance sont-ils indispensables ? »).

Comprendre : La souffrance morale du deuil ressemble à une dépression mais n'est pas une maladie. Elle est normale.

Mon conseil : Autant que possible, évitez de prendre un traitement antidépresseur qui risque de ralentir votre travail de deuil. Parlez-en à votre médecin.

Idée fausse : Je dois tout faire pour ne pas montrer mon chagrin à mon entourage.

Si je fais mon deuil, j'ai peur d'oublier : est-ce possible ?

Faire son deuil est une expression qui signifie que nous avons réussi à nous adapter à la disparition d'une personne que nous aimions. Mais cette adaptation nous a changés et a laissé en nous une cicatrice.

Chez certaines personnes, ce processus de deuil peut être entravé, freiné par la peur d'oublier l'être aimé qui vient de mourir. « Si je ne souffre plus, cela voudra dire que je ne l'aime plus, qu'il n'est plus important pour moi. Je risque alors de l'oublier ». Continuer à souffrir permet de conserver un lien avec notre proche décédé.

Le travail de deuil consiste également à s'adapter à un nouveau monde où nous devons acquérir de nouvelles compétences. Être dans l'incapacité de s'adapter et de prendre soin de soi est un autre moyen de maintenir inconsciemment le lien avec le conjoint décédé. En effet, se sentir capable de se débrouiller dans ce nouveau monde signifierait qu'on n'a plus besoin de lui, et qu'on peut « le laisser partir ».

Cette peur d'oublier la personne disparue est-elle réaliste ? Non, bien sûr.

Le processus de deuil consiste à créer une présence intérieure qui vient remplacer l'absence extérieure. Cette présence intérieure, ce nouveau lien que nous tissons avec le défunt, nous garantit que jamais nous ne l'oublierons.

La personne décédée continue d'exister dans le discours des vivants. On parle d'elle et on l'évoque régulièrement. Elle continue d'exister dans les rituels du deuil, que ce soit aller sur sa tombe pour la fleurir ou nous y recueillir, ou nous rendre sur les lieux même de sa mort. Ces rituels de commémoration (qui veut dire mémoire en commun) maintiennent notre proche présent dans notre mémoire.

De plus, le processus de deuil se poursuit tout au long de notre vie, et ne prend jamais vraiment fin. La cicatrice, qui parfois se réveille et fait mal (certaines dates anniversaires, certaines circonstances), nous rappelle et rappelle aux autres que nous avons souffert. Elle est le garant que jamais nous n'oublierons la personne que nous avons aimée et perdue.

Il est particulièrement important de rassurer les enfants en deuil en leur disant que tous les membres de la famille continueront à aimer leur parent décédé, qu'ils ne l'oublieront jamais, et qu'il restera toujours dans leur cœur.

Comprendre : Le deuil laisse une cicatrice qui garantit que notre proche disparu ne sera jamais oublié, car cette cicatrice redevient douloureuse à certaines occasions.

Mon conseil : Parlez de vos proches décédés et évoquez régulièrement leur souvenir.

Idée fausse : Si je ne souffre plus de la mort de quelqu'un que j'ai aimé, ou si j'arrive à me débrouiller sans lui, je vais l'oublier.

Pourrai-je me retrouver comme avant ?

Le deuil est un processus de cicatrisation qui nous aide à nous adapter à la disparition d'un être cher. Nous vivons cette mort comme une amputation d'une partie de nous-mêmes (voir aussi « Que veut dire faire son deuil ? »). Comme toute amputation, elle est suivie par une cicatrisation, qui durera plus ou moins longtemps, mais qui nous laissera dans un état très différent d'avant le deuil. En effet, la personne que nous étions avant la mort du défunt va disparaître elle aussi. Nous allons nous transformer, et jamais nous ne redeviendrons celui ou celle que nous étions avant.

Le veuf ou la veuve doit acquérir de nouvelles compétences pratiques pour assumer les tâches que son conjoint avait l'habitude de prendre en charge (la cuisine, les comptes, le potager...). La personne en deuil fabrique ainsi une nouvelle image d'elle-même, par exemple celle d'une personne seule et non plus comme faisant partie d'un couple. Elle développe de nouveaux rôles, une nouvelle identité, crée des relations nouvelles, s'investit dans de nouveaux idéaux ou de nouveaux buts et s'ajuste à un environnement sans son conjoint décédé.

Les parents ayant perdu un enfant doivent déployer des ressources insoupçonnées pour survivre à ce malheur.

Parfois longtemps après la mort, on se rend compte que le deuil nous a poussés à faire des choses qui n'étaient même pas imaginables « avant » : prendre plus de responsabilités, se déplacer seul pour ceux qui étaient très dépendants, assimiler de nouvelles compétences, parfois même développer un talent caché ou non exprimé.

Et même longtemps après le deuil, il nous arrive de ressentir de temps en temps une certaine tristesse, un peu de nostalgie : la cicatrice de notre perte se réveille, notamment à certaines dates anniversaires. Il est probable que le deuil ne se termine jamais totalement. Il est certain que jamais nous ne redeviendrons comme « avant ».

Comprendre : Le processus de deuil nous transforme et il est impossible de revenir « comme avant ».

Mon conseil : Ne cherchez pas à revenir celui ou celle que vous étiez avant le deuil. Développez de nouvelles compétences pour mieux vous adapter à votre nouvelle situation.

Idée fausse : Le deuil ne va rien changer en moi.

Faut-il absolument connaître la cause de la mort pour faire son deuil ?

Nous avons habituellement besoin de donner un sens à la mort qui frappe un de nos proches, de savoir et de comprendre ce qui s'est passé. Cette recherche du pourquoi et du comment est normale. Mais dans certains cas, ce besoin de comprendre se heurte à une impossibilité. C'est souvent le cas lorsque nous sommes confrontés à un suicide, à la mort subite du nourrisson, ou à la perte d'un enfant mort-né ou mort dans les suites de l'accouchement.

La mort subite du nourrisson survient brutalement, sans signe annonciateur, chez un bébé en apparente bonne santé. Une cause précise est retrouvée par l'autopsie dans 20 % des cas (problème infectieux, respiratoire, digestif ou cardiaque). Dans de très nombreux cas, on ne retrouve que certains facteurs de risque : bébé dormant sur le ventre, tabagisme passif, prématurité, forte température, etc. mais qui n'expliquent pas vraiment la mort. Les causes réelles du décès restent très souvent incertaines : on évoque une fausse route ou un réflexe vagal. Les parents en arrivent souvent à se culpabiliser, jusqu'à penser qu'ils sont de mauvais parents.

Mais dans 25 % des cas environ, on ne retrouve aucune explication. On parle alors de mort inattendue du nourrisson. C'est surtout dans ces cas que le processus de deuil risque d'être plus long et plus compliqué, même si l'absence de cause peut aider les parents à se déculpabiliser. Rien ne vient expliquer cette mort qui est vécue avec un sentiment profond d'injustice. Sans compter l'angoisse d'envisager une nouvelle grossesse plus tard.

Le suicide d'un proche augmente le risque de vivre un deuil plus douloureux et plus compliqué (comparé à un deuil lié à une mort non violente). Une mort par suicide est en effet souvent traumatisante, incompréhensible, source de culpabilité et de reproches envers les autres.

L'impossibilité de donner un sens et de comprendre les raisons d'une mort qui nous touche nous met face à notre impuissance. Le monde dans lequel nous vivons devient alors pour nous encore plus insécurisant et plus angoissant. Le non-sens de cette mort est source de détresse.

Mais même si ces situations de non-sens provoquent des réactions de deuil plus douloureuses, plus longues ou plus compliquées, cela ne veut absolument pas dire que le processus de deuil ne se fera pas. Il se fera à un rythme différent, et vous aurez peut-être besoin d'une aide extérieure.

Comprendre : Nous avons généralement besoin de comprendre le pourquoi et le comment de la mort, de lui donner un sens. Quand cela n'est pas possible, le processus de deuil peut être freiné.

Mon conseil : Si vous souffrez de l'absence d'explication à la mort de votre proche (suicide, mort inattendue du nourrisson…), allez chercher une aide extérieure.

Idée fausse : Si je ne connais pas la cause de sa mort, jamais je ne pourrai faire mon deuil.

J'ai toujours besoin de parler des derniers instants ou des derniers mois : dois-je m'en empêcher ?

Après les premiers jours du deuil, consacrés aux obsèques et aux formalités administratives, vous vous retrouvez très rapidement seul face au vide, face à votre souffrance qui ne cesse d'augmenter.

Pourtant, la vie continue et les autres ne parlent plus de l'être cher que vous venez de perdre, comme s'ils avaient oublié sa mort, ou parce qu'ils sont mal à l'aise de l'évoquer devant vous. Mais même si vous n'en parlez plus vous-même, pour ne pas gêner les autres ou par peur d'être submergé par la souffrance et de fondre en larmes, votre pensée est toujours accaparée par votre proche disparu. Vous ne cessez de penser à lui, à ses dernières semaines de vie, et vous vous sentez seul.

Mais peut-être faites-vous partie de ceux qui ressentent le besoin de parler de leur proche, d'évoquer ses derniers mois de souffrance, ses derniers jours de vie, et de répéter le même récit, encore et encore.

Revenir sur les derniers moments passés avec le défunt ou sur les circonstances de sa mort vous aide à intégrer la réalité de celle-ci, à l'accepter. Car la répétition peut nous aider à faire émerger progressivement un sens à ce que nous avons vécu.

La répétition de ce récit donne aussi l'impression de maîtriser quelque chose, dans un monde angoissant où la succession des drames nous rappelle notre impuissance face à la mort. Plongés dans un monde qui nous apparaît chaotique, ces mots et ces phrases que nous répétons deviennent des repères rassurants. La répétition permet enfin d'apaiser notre peur d'oublier ces derniers instants.

Mais parler de manière répétitive de ce que vous avez vécu n'est pas la même chose que ruminer inlassablement votre détresse, ses causes et ses conséquences. La rumination aggrave la souffrance et prolonge la phase de dépression.

Même si parler fait mal, il est bénéfique de continuer à le faire, et votre entourage peut vous y aider, par exemple en vous posant des questions. Et même des années après le décès, vous pourrez ressentir le besoin de reparler de cette période douloureuse.

Comprendre : Parler souvent des derniers instants de la personne disparue nous aide à accepter sa mort et à lui trouver un sens.

Mon conseil : Parlez, répétez et répétez encore tant que vous en ressentez le besoin.

Idée fausse : Parler trop souvent des derniers instants de notre proche décédé est morbide et n'aide pas à avancer.

Faut-il pardonner pour faire son deuil ?

En vouloir au défunt, ressentir de la colère envers lui pour des raisons objectives (père incestueux ou maltraitant, mère abandonnique, suicide…) nous empêche de transformer le lien psychique qui nous relie à lui.

Or, cette transformation est souhaitable pour tisser une nouvelle relation avec lui, une relation apaisée, indispensable pour que le processus de deuil se déroule bien. La colère et la rancœur persistantes sont comme une infection qui empêche une bonne cicatrisation de la blessure qu'est la mort d'un être qui nous a fait souffrir mais que l'on a quand même aimé.

L'être proche qui nous a fait souffrir doit-il continuer à nous faire du mal même après sa mort ? Non, bien entendu. Mais c'est pourtant ce qui risque d'arriver si le processus de deuil se déroule mal en raison de la persistance de notre colère, de notre rancœur. Il devient alors nécessaire de faire un travail avec un spécialiste pour nous aider à cicatriser de nos traumatismes, pour parvenir à une acceptation plus sereine de notre passé avec notre proche.

L'acceptation est une chose, le pardon en est une autre. Pardonner est-il obligatoire pour cicatriser ? La réponse à cette question dépend de nos croyances, de la relation qui nous unissait au défunt et du sens que nous donnons au mot pardon. Les définitions du « pardon » sont en effet innombrables. Il peut être utile, par exemple, de considérer le pardon comme le fait d'accepter notre passé tel qu'il a été. Ou de considérer que notre proche qui s'est suicidé, ou dont la disparition résonne en nous comme un abandon, n'a pas voulu intentionnellement nous faire du mal. C'est aussi se pardonner à soi-même de ne pas avoir été plus attentif à l'autre ou de ne pas avoir pu empêcher sa mort car, là aussi, ce n'était pas notre intention.

Pendant longtemps, on a considéré que le pardon était indispensable pour pouvoir guérir des conséquences d'un traumatisme. C'était lorsqu'il n'existait pas vraiment de psychothérapies efficaces pour les soigner. Maintenant, grâce à certaines thérapies, il est possible de cicatriser de traumatismes mêmes graves, sans avoir à pardonner au sens religieux du terme.

Comprendre : La persistance de colère, de rancœur, de haine envers la personne décédée qui vous a fait souffrir risque de freiner la bonne évolution de votre deuil. Le pardon au sens religieux n'est toutefois pas obligatoire pour guérir.

Mon conseil : Si votre proche décédé vous a fait souffrir, allez chercher de l'aide auprès d'un « psy » pour cicatriser de vos traumatismes.

Idée fausse : Il faut obligatoirement pardonner pour pouvoir faire son deuil.

Faut-il avoir des rituels ?

Les rituels sont des comportements, des gestes et des paroles assez stéréotypés que l'on réalise et que l'on exprime d'une manière précise, codifiée, dans certaines circonstances, notamment lors des cérémonies religieuses. Ils servent à exprimer une pensée ou une émotion sans avoir besoin d'utiliser des mots trop difficiles à trouver et à dire. Ils sont comme un langage symbolique pour dire adieu à la personne décédée et partager notre souffrance. En autorisant concrètement l'expression de nos émotions, les rituels nous aident à mieux les maîtriser. Et ils sont profondément thérapeutiques. Il y a deux sortes de rituels.

D'une part, les rituels publics. Les principaux sont les obsèques. Ces cérémonies sont nécessaires au bon déroulement de notre deuil. Les obsèques nous aident à la fois, et paradoxalement, à nous séparer de notre proche disparu et à maintenir un lien avec lui, à un moment où nous avons encore du mal à accepter sa mort. En même temps, elles nous amènent à vraiment prendre conscience que nous sommes en deuil et nous offrent la possibilité de lui dire adieu, surtout si sa mort a été brutale, lors d'un accident ou d'un suicide par exemple. Cette cérémonie publique confirme notre statut d'endeuillé, nous aidant à reconnaître la réalité de la mort de notre proche. Enfin les obsèques permettent aux amis et aux connaissances de manifester leur attachement à la personne disparue et de soutenir, d'accompagner les personnes en deuil.

Les obsèques nous autorisent à exprimer toutes nos émotions douloureuses publiquement et d'une manière acceptable par la société, notamment par les pleurs.

Enfin, les obsèques comblent un besoin fondamental : celui de se sentir appartenir à une communauté, le plus souvent familiale ou locale. En participant à ce rituel social, les autres nous montrent combien ils sont solidaires de notre souffrance. Cette proximité renforce la cohésion du groupe social qui a été altérée par la mort de l'un des siens. Les morts permettent ainsi de créer des liens entre les vivants.

Parmi les rituels publics, il y a l'envoi des faire-part. Faire savoir à de nombreuses personnes que nous venons de perdre une personne chère nous évite d'avoir à répéter maintes fois la même chose (même si la répétition est utile), et favorise les manifestations de soutien et d'empathie dont nous avons tant besoin à ce moment-là.

Les rituels de commémoration (« mémoire en commun ») aux dates anniversaires de naissance ou de mort (faire dire une messe par exemple) permettent de rappeler régulièrement aux vivants le souvenir de la personne décédée. C'est une manière de se rassurer en veillant à ce que personne ne l'oublie.

Ces rituels, qui nous aident à nous séparer de celui ou celle que nous venons de perdre, doivent avoir du sens pour chacun d'entre nous. Une manière d'y parvenir est de faire participer chacun afin qu'il soit acteur des obsèques, et pas seulement spectateur. Il suffit d'un geste simple pour personnaliser ce rituel : lire un texte, déposer une fleur sur le cercueil ou en jeter une dans la tombe par exemple.

Quels que soient les rituels que vous choisissez, il est important d'y faire participer les enfants, même très jeunes, et même s'ils ne comprennent pas ce que veut dire mourir. Il n'y a aucune raison d'exclure les enfants des rituels du deuil. Proposez-leur de faire un dessin qu'ils mettront dans le cercueil, de déposer une fleur sur la tombe, ou de choisir un texte qui sera lu pendant les funérailles.

D'autre part, il y a tous les rituels privés. Ils nous aident à mieux supporter l'absence de l'être cher que nous avons perdu et à construire un nouveau lien avec lui. Et ils sont aussi importants pour les adultes que pour les enfants. En consacrant un peu de temps régulièrement à évoquer notre proche disparu (aller sur sa tombe, déposer un bouquet sur le lieu de sa mort, faire brûler une bougie en pensant à lui, regarder une photo, faire un repas familial en le lui dédiant), nous maintenons un lien avec lui. Cela peut nous aider à mieux supporter le passage de sa présence à son absence.

Ils nous donnent aussi l'occasion de lui parler, pour lui exprimer tout ce que nous avons envie de lui dire encore, qu'il s'agisse de mots gentils mais aussi de reproches ou de critiques. Par exemple, en tenant un journal ou en lui écrivant des lettres. Au fur et à mesure que le processus de deuil se déroule, les rituels deviennent moins nécessaires et ils peuvent disparaître progressivement. Mais cette disparition n'est pas synonyme d'oubli.

Ces rituels privés sont particulièrement importants à certaines dates : les dates anniversaires de sa naissance et de sa mort, mais aussi les jours de fête, notamment les fêtes de fin d'année. Ces dernières sont particulièrement pénibles pour les endeuillés, car leur souffrance contraste avec la joie manifestée tout autour d'eux.

Comment vous sentir moins seul dans ces moments si pénibles ? Peut-être en réunissant vos amis, votre famille et en acceptant de consacrer quelques instants pour évoquer la personne disparue autour d'un rituel. Donnez-vous la liberté de choisir ce qui vous convient le mieux, acceptez de faire évoluer votre rituel au fil des années, dites à vos proches ce que vous souhaitez et ce que vous ne voulez pas.

Mais même si vous décidez de rester seul, de ne pas participer à cette fête collective, prenez quelques instants pour vivre votre tristesse et penser à votre proche au cours d'un rituel de votre choix.

Parmi les rituels privés, il y a aussi tous les rituels que les thérapeutes peuvent vous proposer de faire (voir aussi « Les thérapies »).

Comprendre : Les rituels publics et privés nous aident à faire notre deuil, à partager notre souffrance et à être reconnus comme endeuillés par la société.

Mon conseil : Faites participer les enfants aux rituels de deuil.

Idée fausse : Les rituels sont inutiles.

CE QUE VOTRE CORPS RESSENT

J'ai entendu sa voix, je l'ai vu, j'ai senti sa main sur la mienne

De nombreuses personnes en deuil décrivent des expériences troublantes de contact avec la personne décédée. Peut-être aurez-vous aussi l'impression qu'elle est encore là, à côté de vous. Que ce soit en ressentant sa présence, en croyant voir sa silhouette, sentir son odeur, entendre sa voix qui vous appelle, ou percevoir le contact de sa main sur la vôtre.

Toutes ces perceptions sont normales. Elles sont fréquentes pendant la période de recherche, dans les premières semaines du deuil, lorsque nous ressentons l'énorme besoin de retrouver la personne disparue et d'être de nouveau en contact avec elle. Nous avons alors un très fort besoin de parler d'elle avec des gens qui la connaissaient, de rechercher des photos ou des films, d'aller sur sa tombe, ou de se rendre dans les endroits qu'elle aimait fréquenter. Et lorsque nous arrivons à dormir, nous passons nos rêves avec elle. Cette recherche, vaine bien entendu, est un passage obligé qui conduit toujours au même constat : notre proche n'est plus là. Nous pouvons alors nous en séparer tout en consolidant le nouveau lien que nous construisons avec lui.

Le sens que vous donnerez à ces manifestations dépendra bien entendu de votre personnalité et de vos croyances. Peut-être y verrez-vous simplement le fruit de votre imagination, sous forme d'une illusion, voire d'une hallucination. À moins que vous ne les compreniez comme des manifestations réelles du défunt, comme un signal de l'au-delà. Cette tendance à interpréter ces phénomènes comme venant de la personne disparue est tout à fait normale.

Peu importe l'explication que vous retiendrez de ces manifestations : leur présence est réconfortante et constitue une aide dans votre deuil. Acceptez d'en parler si vous en avez besoin, sans avoir peur d'être jugé.

Comprendre : Entendre sa voix, sentir son odeur, voir sa silhouette, sentir sa main sur la vôtre sont des manifestations normales au cours du deuil. Vous pouvez les comprendre de différentes manières, selon vos croyances.

Mon conseil : Acceptez de parler de ces expériences sensorielles bizarres.

Idée fausse : J'ai des hallucinations, je deviens fou !

J'ai des douleurs ou des troubles physiques

Quand on est en deuil, on souffre souvent : maux de tête, crampes musculaires, troubles digestifs (nausées, vomissements, anorexie ou boulimie), troubles urinaires (douleurs pendant la miction par exemple), maladies de peau (eczéma, psoriasis), troubles respiratoires (respiration difficile et coupée), troubles cardiaques (palpitations), troubles neurologiques (tremblements, paralysies), douleurs diverses. Certaines personnes constatent même une chute ou un blanchiment de leurs cheveux parfois très rapidement. Quant à la fatigue, très fréquente, elle peut aller jusqu'à une sensation d'épuisement.

Certaines de ces manifestations sont liées à l'angoisse que nous ressentons : sensation d'avoir la gorge serrée ou le thorax comprimé, douleurs abdominales, difficultés à respirer ou à uriner. D'autres sont provoquées par la dépression du deuil : amaigrissement par perte d'appétit, ou prise de poids conséquence d'une boulimie.

Pour d'autres endeuillés, certains symptômes physiques leur permettent de s'identifier avec leur proche disparu, de rester en lien avec lui. Ils peuvent, inconsciemment bien entendu, développer certains des symptômes dont il a souffert au moment de sa mort : des palpitations s'il est décédé d'une maladie cardiaque, des douleurs aux mêmes endroits que les siennes, ou même des paralysies s'il souffrait d'une hémiplégie par exemple. Mais ces symptômes sont sans gravité. On dit qu'ils sont « fonctionnels », et ils disparaissent assez rapidement.

Plus rarement, ces symptômes d'identification persistent, et la personne en deuil adopte certains comportements ou attitudes caractéristiques du défunt (un tic, une manière de marcher, de parler, etc.). Cette identification excessive peut alors nécessiter un suivi psychiatrique.

Enfin, le deuil, événement stressant majeur, est souvent associé à une diminution de nos défenses immunitaires. Il peut donc favoriser l'aggravation d'une maladie dont on souffre déjà et une plus grande susceptibilité aux maladies infectieuses.

Comprendre : La plupart des symptômes physiques qui apparaissent sont sans gravité et purement « fonctionnels ». Ils disparaitront généralement d'eux-mêmes.

Mon conseil : Si des manifestations physiques persistent, consultez votre médecin.

Idée fausse : Si j'ai les mêmes symptômes que mon proche qui est mort, c'est que j'ai la même maladie que lui.

J'ai des envies sexuelles

Perdre un être aimé nous plonge dans un processus de deuil qui passe par une phase, plus ou moins longue, de dépression. Nous n'avons alors plus envie de rien, tout effort nous est insupportable, et nous ne souhaitons qu'une chose : nous isoler. Lorsque le défunt est notre conjoint, nous devons aussi faire le deuil des relations sexuelles que nous partagions avec lui.

Pourtant, au milieu de cette douleur écrasante, surgissent parfois des envies sexuelles. Allons-nous accueillir, peut-être un peu surpris, ces envies comme le retour d'un besoin naturel ? Ou allons-nous ressentir une intense culpabilité ? La sexualité dans ce contexte du deuil est malheureusement souvent un sujet tabou.

Avoir envie d'un contact physique et sexuel avec un autre être humain est tout à fait normal et compréhensible. Les pulsions sexuelles sont aussi normales que les pulsions alimentaires. Elles font partie de nos besoins physiologiques, sociaux et affectifs.

Cette envie sexuelle permet de nous sentir exister, vivants, et nous aide à lutter contre notre angoisse de mort. Parfois, cette fuite dans la sexualité permet d'anesthésier notre souffrance.

Bien que la reprise d'une sexualité, surtout après la mort d'un conjoint, soit normale, elle n'est pas aussi simple que cela. Elle réactive douloureusement des souvenirs heureux, et nous pouvons nous culpabiliser, comme si nous lui étions infidèles, même si nous sommes conscients de l'aspect irrationnel de cette culpabilité.

Lorsque, avec notre conjoint, nous devons faire face à un deuil, notre très forte envie de faire l'amour renforce nos liens affectifs et d'appartenance à une famille : nous ne sommes pas seuls pour affronter cet événement douloureux.

Comprendre : Les envies sexuelles dans un contexte de deuil sont normales. La sexualité nous aide à nous sentir vivants et à lutter contre la solitude. Elle nous rassure et atténue notre souffrance.

Mon conseil : Soyez à l'écoute de vos besoins sexuels et autorisez-vous à les ressentir.

Idée fausse : Pendant le deuil, je n'ai pas le droit d'avoir du plaisir, y compris sexuel.

VOS ÉMOTIONS

L'importance des émotions du deuil

Juste après la période initiale de choc où l'on peut se sentir comme anesthésié, toutes les émotions du deuil vont nous assaillir, plus ou moins rapidement, parfois l'une après l'autre, parfois en se mélangeant. De la colère à la tristesse, en passant par l'indifférence, la honte ou la culpabilité. Nous subissons ainsi des sautes d'humeur perturbantes aussi bien pour nous que pour nos proches.

L'anesthésie émotionnelle, la colère et la culpabilité servent souvent, au début du deuil, de protection contre la tristesse, qui surgira dans un second temps.

Face à une telle souffrance, la plupart des gens nous conseilleront de tout faire pour la fuir ou la maintenir éloignée : c'est un mauvais conseil.

Nous savons très bien maintenant que, pour un jour ne plus souffrir, nous devons d'abord accepter toutes nos émotions et nous autoriser à exprimer ce que nous ressentons. Des études ont démontré que le deuil évoluait d'autant mieux que l'on parvenait à exprimer ses émotions.

La première étape consiste à identifier notre ressenti émotionnel, qui est à la fois corporel (mal-être général, gorge nouée, douleurs de ventre, oppression thoracique, etc.) et psychologique (tristesse, désespoir, colère, culpabilité, honte parfois, etc.). Puis il nous faut l'accepter, ou plus exactement l'accueillir, non pas d'une manière soumise, mais d'une manière active.

Accueillir nos émotions, c'est accepter de les ressentir et d'être attentif à tous les détails de notre souffrance. Car l'attitude opposée (« je ne veux pas y penser ; je ne veux pas ressentir toute cette souffrance »), c'est-à-dire essayer de chasser par la force de notre esprit ces émotions terrifiantes, ne contribue qu'à les rendre encore plus fortes. Même si cette attitude d'évitement est parfois nécessaire en nous aidant à « souffler un peu », elle ne doit pas être permanente, sinon ces émotions reviennent encore plus dévastatrices. Une image pour vous faire bien comprendre l'absolue nécessité de l'acceptation : il nous est impossible de quitter un endroit dans lequel nous avons toujours refusé de nous rendre (nous ne quitterons la souffrance qu'après l'avoir acceptée).

Enfin, permettre à nos émotions de s'extérioriser protège aussi notre organisme de complications physiques, comme des douleurs, une plus grande fragilité face aux infections, et peut-être même de l'apparition de maladies plus graves.

Comprendre : De nombreuses émotions se manifestent tout au long du processus de deuil, de l'anesthésie émotionnelle à la culpabilité, en passant par la tristesse et la colère.

Mon conseil : Accueillez toutes vos émotions, quelles qu'elles soient, et exprimez-les.

Idée fausse : Ressentir des émotions douloureuses est dangereux pour notre équilibre.

Le chagrin et la souffrance sont-ils indispensables ?

Affronter la mort d'un être cher s'accompagne d'une douleur morale souvent très intense. Après la douleur aiguë de la perte apparait une phase de dépression plus ou moins longue. Cette souffrance psychologique, mais aussi physique, est-elle indispensable pour faire notre travail de deuil ?

Pendant longtemps, la réponse a été oui. La souffrance était non seulement considérée comme normale, mais aussi comme nécessaire pour que le processus du deuil évolue favorablement. L'absence de chagrin, de souffrance, pouvait signifier que le processus de deuil n'avait pas commencé ou restait bloqué dans son évolution. Une demande d'aide auprès d'un professionnel était alors fortement conseillée.

Depuis quelques années, les études sur les personnes en deuil ont dévoilé des résultats qui remettent en question partiellement ces croyances.

Par exemple, plus de 45 % de personnes âgées ayant perdu leur conjoint et suivies pendant 48 mois n'ont pratiquement pas souffert de dépression. Dans une autre étude, 49 % des endeuillés ne présentaient pas de dépression.

On parle alors de personnes « résilientes ». Face à un tel constat, on pourrait penser que ces personnes n'aimaient pas vraiment leur conjoint ou qu'elles souffraient d'un deuil compliqué (deuil inhibé ou retardé lié au déni de la réalité de la mort). Il n'en était rien.

Il semble donc que la souffrance ne soit pas toujours indispensable pour faire le deuil d'un être aimé. En tout cas pour une certaine proportion de personnes qui réussissent à s'adapter à leur perte sans trop en souffrir. Elles auront souvent tendance à s'engager plus facilement dans des activités extérieures et dans l'apprentissage des tâches de la vie quotidienne qu'elles doivent maintenant assumer, plutôt qu'à ruminer la perte et à essayer de lui trouver une signification.

Les moyens de s'adapter à la perte d'un être cher sont multiples et différents pour chacun. Il n'y a pas de règles applicables à tous sans exception. Pour réduire la détresse liée au deuil, combattre la tristesse et la solitude, il est aussi important de favoriser le vécu des émotions positives. Ces moments de répit, ces moments agréables sont importants, ils aident à affronter toutes les situations stressantes qui surgissent pendant un deuil.

Comprendre : De nombreuses personnes en deuil ne souffrent pas de dépression. La souffrance n'est plus considérée comme obligatoire pour faire son travail de deuil.

Mon conseil : Accordez-vous des moments agréables. Ressentir des émotions positives vous aidera dans votre deuil.

Idée fausse : Je dois absolument souffrir pour faire mon deuil.

Cela fait six mois qu'il est mort, et j'ai encore plus mal qu'au début : est-ce normal ?

Le deuil est un processus qui prend du temps et qui passe par certaines phases pour nous permettre de nous adapter à la perte, irréversible, de celui ou de celle que nous aimions.

Vous serez surpris d'avoir encore plus mal trois à six mois environ après le décès : c'est tout à fait normal, et peu de gens le savent.

Les premières semaines sont marquées par l'impossibilité d'accepter que notre proche soit *réellement* mort. Nous appelons cette phase le « déni » : elle nous protège car nous ne sommes pas encore capables d'accepter la réalité. Pendant quelques semaines, nous allons tenter de le chercher, comme s'il était encore vivant. Cette phase de recherche peut même nous amener à déambuler dans les lieux où il avait l'habitude de se promener. Et nous souhaitons tellement le retrouver que nous avons parfois l'impression de l'avoir vu dans telle rue, et même d'avoir entendu sa voix.

Ce besoin de le retrouver nous pousse à tout faire pour récupérer son corps, s'il a disparu dans une catastrophe par exemple, chercher des objets lui ayant appartenu ou tenter de retrouver les paroles qu'il a pu prononcer.

À cette première phase, succèdent ensuite la colère et le ressentiment contre le défunt, Dieu, la vie, et nous-mêmes.

Ces premiers mois sont également consacrés à toutes les démarches administratives obligatoires.

Ce n'est que plus tard, entre le troisième et le sixième mois après le décès, que nous pouvons entrer dans la phase dite dépressive. Nous prenons vraiment conscience de la réalité, car nous sommes maintenant capables de l'affronter et de l'accepter. La tristesse, le désintérêt pour tout, le repli sur soi, les idées noires font leur apparition. Cette dépression est normale et nous aide à progresser dans notre travail de deuil.

Comprendre : L'augmentation de votre douleur aux alentours du sixième mois n'est pas un signe de régression ; c'est un passage normal et nécessaire, même s'il est très difficile.

Mon conseil : Parlez de ce que vous ressentez à votre entourage ou à votre médecin, et exprimez toutes vos émotions.

Idée fausse : Ce n'est pas normal de se sentir encore plus déprimé six mois après sa mort.

Est-il normal de souffrir encore après un an ?

Perdre une personne à qui l'on était très attaché et que l'on aimait entraîne de profonds changements qu'on appelle le « processus du deuil ».

La souffrance et le chagrin font habituellement partie de ce processus. Néanmoins, leur durée sera variable selon chaque deuil et chaque personne.

Pendant longtemps, on a estimé que l'homme devait avoir fini un deuil au bout d'un an et une femme, au bout de deux ans. En réalité, la durée du deuil est différente pour chacun, et la persistance d'une souffrance un an après le décès n'a rien d'anormal.

Il faut d'une part tenir compte de la relation qui nous unissait avec la personne disparue. Perdre un enfant s'accompagne d'une douleur qui durera souvent très longtemps. Perdre un grand-parent très âgé s'accompagnera souvent d'un deuil moins prolongé, bien que ce ne soit pas toujours vrai.

D'autre part, même lorsque le processus de deuil a évolué favorablement, il est normal, même plusieurs années après le décès, de se sentir brutalement triste, sans forcément comprendre immédiatement le lien entre cette tristesse et le deuil passé. Nous découvrons alors que nous sommes à une date anniversaire ou que ce que nous sommes en train de vivre est en lien avec celui ou celle que nous avons perdu(e).

Comprendre : Le deuil est un processus qui prend du temps, parfois plusieurs années. La souffrance fait partie de ce processus, mais elle évolue avec le temps.

Mon conseil : Consultez un spécialiste si votre souffrance reste inchangée pendant plusieurs mois.

Idée fausse : La souffrance liée à un deuil doit durer moins d'un an.

Je suis triste et déprimé, je n'ai plus envie de rien, je pleure et me sens faible

Nous avons déjà vu à plusieurs reprises que la tristesse et tous les signes que l'on retrouve dans les dépressions apparaissent durant le deuil. Non seulement cette dépression est normale, mais on a même pensé pendant longtemps qu'elle était indispensable au bon déroulement de notre deuil (voir aussi « Le chagrin et la souffrance sont-ils indispensables ? »). Elle n'est pas une dépression au sens médical du terme, mais ce qu'on appelle la phase dépressive du deuil. Ne cherchez pas à en étouffer toutes les manifestations, même si elles sont très douloureuses.

Le désintérêt est l'un des signes les plus évocateurs de dépression : tout ce qui nous intéressait auparavant devient dépourvu de tout attrait et nous rebute. Nous fuyons même toute forme de plaisir, ce qui nous isole encore plus. Toute sortie, toute visite, devient une véritable corvée et demande un effort surhumain. Durant cette phase dépressive, nous n'aspirons qu'à une seule chose : qu'on nous laisse tranquille. Mais dans cette dépression « normale » du deuil, le désintérêt n'est pas généralisé comme dans la maladie dépressive : il épargne tout ce qui est associé au proche que nous voudrions tant retrouver.

La tristesse induite par le manque de la personne disparue est le signe principal de la dépression du deuil (mais toute tristesse n'est pas une dépression !). Souvent, pleurer est une manifestation physiologique, normale de notre tristesse. N'est-il pas logique de pleurer quand nous sentons les larmes envahir nos yeux ?

Il est nécessaire d'accepter toutes ces décharges émotionnelles – souvent des envies irrépressibles de pleurer – habituellement très déstabilisantes car faisant irruption n'importe quand, n'importe où. Ces décharges fonctionnent comme des régulateurs d'émotions : elles nous permettent d'évacuer le trop-plein émotionnel qui nous envahit. Elles sont normales et nécessaires.

Malheureusement, notre société nous apprend, dès l'enfance, à dissimuler nos émotions au lieu de les exprimer. C'est surtout vrai pour les hommes qui doivent être « forts » et « virils » ! Cacher nos émotions et ne rien dévoiler aux autres de ce qui se passe en nous est ainsi considéré comme une preuve de volonté et de force ! Exprimer notre angoisse ou notre tristesse serait un signe de faiblesse morale, voire de lâcheté. Cela est tout à fait faux.

Nous retrouvons les méfaits de cet apprentissage totalement inadapté dans le deuil. On a tendance à faire comme si on allait bien quand même et on s'interdit de laisser transparaître nos émotions douloureuses. Ne devons-nous pas continuer à montrer combien nous sommes volontaires et rationnels ? Malheureusement, cacher notre souffrance nous condamne à rester seuls et fait barrage à une évolution favorable de notre deuil.

Comprendre : Une tristesse liée au manque de notre proche, un désintérêt pour tout ce qui ne le concerne pas et une envie irrépressible de pleurer sont des signes normaux de la phase « dépressive » que de nombreux endeuillés traversent.

Mon conseil : Acceptez cette période dépressive et exprimez-en toutes les émotions. Laissez votre corps se vider régulièrement de son trop-plein émotionnel douloureux. Laissez-vous pleurer autant que votre corps en a besoin.

Idée fausse : Je suis faible et lâche si je pleure devant les autres, car je dois maîtriser toutes mes émotions.

J'ai des idées suicidaires

Pendant la phase dépressive du deuil, le suicide est souvent perçu comme une porte de secours qui reste possible pour ne plus souffrir.

Cette phase dépressive doit être généralement respectée, c'est-à-dire qu'il ne faut pas la traiter avec des médicaments qui ne feraient que masquer la souffrance et empêcher la bonne évolution du deuil. Cette dépression normale disparaîtra d'elle-même, avec les idées suicidaires qui l'accompagnent, en même temps que le processus de deuil évoluera.

Rarement, cette dépression se transformera en une forme de dépression particulièrement grave qu'on appelle « dépression mélancolique ». Les gestes et la marche d'une personne mélancolique deviennent très ralentis, de même que sa pensée qui se fige dans des ruminations pessimistes. La souffrance morale mais aussi physique s'intensifie surtout le matin. Une culpabilité extrême et injustifiée associée à un sentiment de dévalorisation rendent les idées suicidaires particulièrement dangereuses. Cette dépression mélancolique est une urgence psychiatrique, car le risque de suicide est très important.

Sans atteindre ce degré de gravité, si votre état dépressif persiste, voire s'aggrave, ou que vos idées suicidaires deviennent plus présentes, que vous commencez à penser plus en détail au moyen qui vous permettrait de les mettre à exécution, ou que vous commencez à en parler autour de vous, alors il devient urgent de consulter un psychiatre.

Certains deuils se compliquent plus souvent que d'autres d'idées suicidaires dangereuses et doivent conduire à une prudence renforcée de la part de l'entourage et du médecin traitant. Il s'agit essentiellement des décès par suicide, de la mort d'un enfant, et du veuvage chez l'homme de plus de soixante ans.

Comprendre : Les idées suicidaires peuvent être normales au cours d'un deuil. Mais leur persistance plus de quelques jours ne l'est plus.

Mon conseil : Si vous venez de perdre un proche par suicide, ou un enfant, ou si vous êtes un veuf de plus de soixante ans, acceptez de vous faire aider par un psychiatre.

Idée fausse : Les personnes qui réussissent leur suicide n'en parlent jamais.

Je me sens coupable

Différencions la culpabilité du sentiment de culpabilité. Autant la première traduit la transgression d'une règle, une faute morale (je suis coupable d'avoir escroqué de l'argent à mon parent avant sa mort), autant le second n'est pas justifié (je n'ai commis aucun acte moral répréhensible). Nous parlerons ici du sentiment de culpabilité, c'est-à-dire de la culpabilité que je peux ressentir après le décès d'un proche alors que je n'ai, objectivement, rien fait de répréhensible.

Ce sentiment de culpabilité peut être ressenti à de nombreux moments du deuil, et concerne essentiellement ce que nous avons – ou n'avons pas – dit ou fait au moment du décès : je me reproche de ne pas avoir été présent lors de sa mort, de ne pas avoir pu l'éviter, de ne pas lui avoir dit tout ce que j'aurais voulu lui dire, d'avoir eu une altercation avec lui juste avant sa mort, etc. Nous pouvons aussi nous reprocher nos comportements passés avec le défunt, de ne pas l'avoir assez aimé ou protégé par exemple. Et si nous avons affronté de nombreux décès, nous pouvons nous sentir coupables, d'une manière irrationnelle, d'attirer « le mauvais sort ».

Un sentiment de culpabilité habituel est lié au fait de se sentir soulagé de la mort de celui que nous aimons (longue agonie, souffrances…) ou de vivre des moments d'apaisement, de soulagement, de plus en plus fréquents, et de reprendre goût à la vie. Retrouver progressivement cet apaisement est souvent vécu comme une trahison envers le défunt, alors que c'est l'évolution normale de tout deuil.

La culpabilité est toujours présente quand nous devons faire face au suicide d'un proche (voir aussi « Votre proche s'est suicidé »). S'il met fin à ses jours après une longue période de souffrances, il sera moins culpabilisant de nous dire qu'il a enfin trouvé la paix, que de penser que son suicide nous libère d'un fardeau devenu trop lourd. La culpabilité est aussi liée à notre impuissance, notre incapacité à avoir pu l'aider suffisamment, et à la colère et au ressentiment que nous avons envers lui de nous faire souffrir et de nous avoir abandonnés volontairement.

En fait, la culpabilité est une émotion normale. Quelles qu'en soient la raison et l'intensité, la culpabilité est pratiquement toujours présente chez un endeuillé. Elle est d'autant plus prévisible que notre relation avec notre proche a été « compliquée », c'est-à-dire « ambivalente ». Cela signifie que les émotions positives que l'on pouvait ressentir pour lui (l'amour, l'affection, la tendresse…) côtoyaient des émotions plus négatives (l'agressivité, le ressentiment…). Puisque toute relation humaine est teintée d'ambivalence, toute perte sera source de culpabilité, et nous devons l'accepter. Mais il faut veiller à ce qu'elle ne soit pas disproportionnée, ce qui pourrait traduire une complication de notre deuil.

Comprendre : La culpabilité est une émotion normale au cours d'un deuil, liée à la relation ambivalente, faite d'émotions positives et négatives, que nous avions avec la personne disparue.

Mon conseil : Si votre sentiment de culpabilité est démesuré ou dure trop longtemps, il est préférable d'aller consulter un psychiatre ou un psychologue, car vous souffrez peut-être d'un deuil compliqué.

Idée fausse : Je dois me sentir coupable et honteux de ressentir des émotions négatives, comme de la colère ou de l'agressivité, envers mon proche décédé.

Je me sens soulagé de sa mort

Il est normal de ressentir de la tristesse lorsque nous perdons une personne proche, que l'on aime. Mais est-il normal de se sentir « soulagé » ? Il y a en fait plusieurs situations très différentes qui peuvent expliquer ce soulagement. Le premier soulagement peut suivre immédiatement le décès lorsque tout le monde ressent la mort comme une « délivrance », à cause des souffrances parfois terribles que le mourant a dû supporter. N'est-il pas normal et compréhensible d'être soulagé que l'être que l'on aime ne souffre plus ? Ce soulagement est lié à la compassion.

Des moments de soulagement apparaissent ensuite dans les semaines et les mois qui suivent le décès.

Ces périodes de mieux-être sont bien sûr normales et souhaitables, car elles témoignent de la bonne évolution du deuil. Celui-ci doit nous conduire normalement vers moins de souffrance. Pourtant, se sentir mieux est souvent vécu avec culpabilité ou même honte.

Rappelez-vous que le deuil se traduit par l'apparition de nombreuses émotions différentes, souvent contradictoires, et qui se bousculent en nous parfois en même temps. Acceptez-les, car elles sont normales.

Par exemple, nous pouvons nous sentir soulagés lorsqu'un proche se suicide et que cette mort met fin à des années de souffrance, qu'elles soient liées à une maladie physique douloureuse et incurable, ou à un état dépressif grave et récidivant, émaillé de nombreuses tentatives de suicides éprouvantes. Ce soulagement tout à fait compréhensible peut néanmoins s'accompagner d'un intense sentiment de culpabilité.

On peut aussi se sentir soulagé de la mort d'un proche lorsque celui-ci nous a fait du mal. Les situations familiales de maltraitance émotionnelle (humiliations, dévalorisations), physique (violences corporelles) et sexuelle (abus sexuels, incestes) sont très fréquentes. Avoir été victime de telles maltraitances produit inévitablement en nous des émotions hostiles envers notre agresseur : colère, haine, ressentiment, etc. La situation est d'autant plus déstabilisante que nous avons pu aussi aimer notre agresseur, ce qui est souvent le cas même dans les relations incestueuses. Ces émotions négatives, douloureuses, risquent alors de freiner l'évolution satisfaisante de notre deuil, et une aide psychologique peut s'avérer utile.

Comprendre : Se sentir soulagé de la mort d'un proche peut être une réaction normale, car il y a alors souvent de bonnes raisons de l'être.

Mon conseil : La mort d'un proche peut provoquer le surgissement de souvenirs « oubliés » de maltraitances sexuelles. N'hésitez-pas à prendre rendez-vous avec un psychiatre ou un psychothérapeute pour faire le point.

Idée fausse : Je devrais avoir honte de me sentir soulagé de sa mort.

Je suis en colère

La colère caractérise la seconde phase du deuil. Il peut, bien sûr, s'agir d'une colère compréhensible lorsque la mort est la conséquence d'une faute ou d'une erreur humaine. Mais nous pouvons aussi être en colère contre nous-mêmes, car nous nous sentons coupables, vulnérables ou impuissants, contre Dieu qui a laissé faire, contre les médecins qui ont été incapables de sauver l'être que nous aimions. Et nous pouvons aussi être en colère contre lui, parce qu'il nous laisse seuls, comme abandonnés, parce qu'il n'a pas prévu toutes les conséquences de sa mort, et parce que sa disparition nous oblige à renoncer à tout ce que nous aurions pu vivre d'heureux avec lui.

Acceptez cette colère, ne vous en culpabilisez pas, car elle est tout à fait normale à ce stade de votre deuil. Elle est le premier moyen à votre disposition pour exprimer votre souffrance.

Non seulement la colère est normale, mais on la considère comme indispensable à la guérison. Elle nous évite d'être submergés par une détresse trop douloureuse, que nous ne sommes pas encore prêts à affronter : elle nous aide à gérer notre souffrance. Chaque fois que celle-ci devient trop forte pour nous, c'est-à-dire souvent au cours de l'évolution de notre deuil, la colère pourra réapparaître. On dit même que plus on ressent de colère, plus vite on guérit ! Ce sera peut-être une simple irritabilité ou de franches crises de colère. Peu importe, acceptez de la ressentir et trouvez un moyen de l'exprimer (dénué de danger bien entendu), en allant crier dans un endroit isolé, ou en tapant dans un coussin ou un punching-ball.

Notre colère peut être accentuée par le sentiment d'injustice que nous ressentons. Nous nous répétons que sa mort est injuste, et cette injustice soulève en nous une révolte. Mais cette révolte, contre qui ou quoi allons-nous la diriger ? Contre le destin, contre Dieu, contre le mauvais sort ? Une révolte n'est utile que si elle mène à un changement. Se révolter contre Dieu ou le mauvais sort reste une révolte stérile, inefficace et douloureuse. Comment alors éviter cette révolte ? En acceptant que la mort ne soit ni juste, ni injuste. La justice est liée au droit, qu'il soit humain ou divin. Et le droit est consigné dans des lois. Aucune loi, qu'elle soit divine ou humaine, ne dit que nous ne devons pas mourir, que les maladies, les accidents ou le hasard doivent disparaître. En fait, l'adjectif « injuste » ne s'applique pas à la mort, il est donc inapproprié dans ce contexte. On peut dire que la mort relève de l'inégalité, c'est vrai. Mais pas de l'injustice.

En évitant de voir la mort comme une injustice, nous évitons une révolte stérile et inefficace. Bien sûr, la colère peut être dirigée contre Dieu si vous croyez en lui. Pourquoi Dieu nous inflige-t-il cette souffrance ? Qu'avons-nous fait pour mériter cela ? Méritait-il de mourir maintenant ? Certains croyants vont commencer à douter de leur foi, alors que d'autres, confrontés à la même souffrance, en tireront plutôt une aide, un réconfort. Comment concilier la colère contre Dieu avec vos croyances religieuses ?

Une chose est troublante. La mort touche tout le monde, sans exception. Tant qu'elle ne nous touche pas directement, nous ne nous posons pas toutes ces questions. Nous voyons bien le malheur s'abattre sur les autres, mais cela ne nous semble pas anormal. Puis brutalement, nous découvrons que le malheur peut aussi nous atteindre, que le malheur peut blesser aussi les bonnes personnes que nous pensons être, et nos convictions sont ébranlées : pourquoi moi ? Qu'ai-je fait pour être ainsi touché ? Il n'y a bien entendu aucune réponse rationnelle. Simplement que la mort peut frapper chaque famille. Notre rapport au monde s'en trouve changé, et notre souffrance nous pousse à évoluer.

Comprendre : La colère fait partie du processus normal du deuil, qu'elle soit tournée vers le corps médical, votre proche disparu, Dieu ou vous-même. Elle sert de régulateur émotionnel et vous protège. Parfois elle cache un sentiment de culpabilité.

Mon conseil : Trouvez les moyens d'exprimer votre colère, mais sans danger pour vous ni pour les autres.

Idée fausse : La mort est injuste.

J'ai peur ou je suis angoissé

La peur et l'angoisse sont deux émotions différentes.

Lorsque nous avons peur, il y a une cause objective et compréhensible à notre peur : la solitude et la peur d'être incapables de vivre sans l'être que nous aimions, les changements inévitables qui vont survenir, les nouveaux apprentissages que nous allons devoir acquérir, le manque d'argent, etc. Plus nous étions dépendants de la personne décédée, que ce soit matériellement ou sentimentalement, plus nous risquons d'avoir peur de l'avenir. Notre peur dépendra alors de notre environnement et de notre mode de vie au moment du décès (devoir élever des enfants encore jeunes, avoir peu de soutien amical ou familial, avoir un revenu modeste, etc.). Ces peurs sont légitimes.

Nous pouvons aussi souffrir de peurs « irrationnelles » : peur d'oublier notre proche ou de le trahir si nous commençons à nous sentir mieux. La douleur est un moyen de rester en lien avec la personne que nous avons perdue. Perdre ce repère quotidien qu'est notre souffrance depuis tant de mois ou d'années peut ainsi, paradoxalement, nous faire peur. Comme si ne plus souffrir de sa mort était lui être « infidèle ».

Quant à l'angoisse, elle est ce qu'on appelle « une peur sans objet », c'est-à-dire sans cause apparente. Elle peut être très douloureuse physiquement (étouffement, mal de ventre, gorge serrée...) et s'accompagne parfois d'une peur irrationnelle de mourir ou de devenir fou. Être confronté à la mort d'une personne proche nous confronte inévitablement à notre propre angoisse de mort. L'angoisse peut s'exprimer de deux manières : permanente ou intermittente. Dans ce cas, les crises d'angoisse surgissent brutalement, très intenses, mais sont de courte durée. Parfois, l'angoisse est encore plus forte en raison d'idées suicidaires.

Même si l'angoisse est très forte, elle ne vous détruira jamais. Le travail de deuil amènera forcément un apaisement. Et si vous continuez à souffrir de peurs irrationnelles qui bloquent votre deuil, une aide extérieure vous permettra de le relancer.

Comprendre : Les peurs et les angoisses font partie du processus de deuil, et ne vous conduiront pas à la folie, ni à la mort.

Mon conseil : Si les angoisses sont trop fortes, un traitement tranquillisant passager peut vous aider.

Idée fausse : Je suis impuissant face à mes angoisses.

Il m'a fait souffrir et, pourtant, je me sens triste

Les proches que nous perdons n'avaient pas que des qualités, et ils ont pu, par leurs comportements ou leurs paroles, nous blesser plus ou moins fortement. Pensons aux parents incestueux responsables de traumatismes psychologiques importants chez leurs enfants.

La mort d'un parent qui a pu nous humilier, nous battre ou nous agresser sexuellement est souvent ressentie avec soulagement, voire satisfaction. Toutefois, il n'est pas rare de percevoir également une certaine tristesse, qui semble contradictoire avec les émotions de soulagement.

Cette contradiction est normale et s'explique par le fait qu'un enfant reste toujours attaché à son parent. L'enfant, pendant les premières années de sa vie, est dépendant de ses parents pour survivre. Il se crée ainsi un lien d'attachement qui, malheureusement, peut être de très mauvaise qualité en raison de comportements violents de la part de l'adulte. L'enfant s'attache alors à un adulte dont il est souvent dépendant, qui lui permet de vivre, mais qui le fait en même temps souffrir. L'enfant devient incapable de prédire le comportement de ce parent maltraitant auquel il s'attache et dont il doit en même temps se protéger et se défendre. On parle alors d'attachement « insécure ».

La mort d'un tel parent nous conduit à revoir tout ce qu'on a partagé avec lui, les moments heureux comme les moments malheureux. On peut alors ressentir de manière particulièrement intense cette ambivalence qui associe des émotions positives et des émotions négatives.

Ces émotions contradictoires sont normales, mais elles ont un risque, celui de perturber le processus du deuil. Ressentir trop longtemps de la rancœur, de la colère, voire de la haine, envers le défunt alimente le lien psychique qui persiste après son décès et risque d'empêcher la rupture de ce lien. Or, cette rupture est nécessaire pour qu'une nouvelle relation avec lui puisse se tisser, relation plus apaisée et indispensable pour que le processus de deuil se déroule bien. On peut comparer toutes ces émotions négatives à une infection qui empêche une cicatrisation saine de la blessure qu'est la mort d'un être que l'on a aussi aimé.

L'être proche qui nous a fait souffrir doit-il continuer à nous faire du mal même après sa mort ? C'est pourtant ce qui risque d'arriver si le processus de deuil se déroule mal en raison de la persistance de notre colère, de notre rancœur.

Il devient alors nécessaire de faire un travail avec un spécialiste pour nous aider à cicatriser de nos traumatismes et parvenir à une acceptation plus sereine de notre passé avec le défunt.

Comprendre : On peut être triste de perdre un parent qui nous a fait souffrir, car nous avons lié avec lui, souvent dès notre naissance, une relation d'attachement.

Mon conseil : Si vous avez été victime de traumatismes psychologiques (inceste par exemple) non résolus à la mort du parent agresseur, consultez un spécialiste.

Idée fausse : Puisqu'il m'a fait souffrir, la mort de mon proche devrait uniquement me remplir de joie.

J'ai envie de rester seul et de ne voir personne

Le processus de deuil passe par une phase dépressive. Nous n'avons alors plus envie de rien et ne souhaitons que nous isoler, pour ne pas ennuyer les autres.

Cette réaction de repli est normale et compréhensible. Nous n'avons pas envie de montrer aux autres notre souffrance, de pleurer devant eux, et nous n'avons pas envie de parler, même si cela nous aiderait. Nous préférons rester seuls, tout en souhaitant parfois que les autres fassent l'effort de venir vers nous.

Et même quand nous sommes entourés, un terrible sentiment de solitude peut nous envahir, surtout lorsque nous vivons des moments qui étaient habituellement partagés avec la personne que nous avons perdue.

La solitude ne permet généralement pas de faire son deuil dans de bonnes conditions. Nous avons besoin des autres pour parler et être entendus, pour exprimer toutes nos émotions, mêmes les plus extrêmes. Nous avons besoin de l'empathie des autres pour nous accompagner dans ce moment douloureux.

Mais nous avons aussi besoin de ces moments de solitude pour penser librement à celui ou celle que nous venons de perdre, pleurer sans être gênés ou simplement nous reposer.

Votre entourage doit comprendre et respecter votre besoin d'isolement, en tout cas au début de votre deuil. Mais il doit aussi veiller à ne pas vous laisser totalement seuls. Puis progressivement, tentez de lutter contre l'envie de vous enfermer et acceptez les propositions que vos proches vous font.

Comprendre : Le besoin de solitude est normal et doit être respecté. Mais se sentir entouré favorise le travail du deuil.

Mon conseil : Accordez-vous chaque jour quelques moments de solitude choisis et vivez-les à votre rythme.

Idée fausse : Il ne faut surtout pas rester seul !

Je ne ressens rien

Faire face à la mort d'un proche est généralement une épreuve extrêmement douloureuse qui se traduit par un ensemble de réactions qu'on appelle les « réactions du deuil » : le choc, la colère, la dépression, l'angoisse, la culpabilité, etc.

Parfois, la personne endeuillée ne ressent rien. Si l'annonce du décès date d'il y a quelques jours, cette « anesthésie émotionnelle » correspond à un mécanisme de protection, appelé « déni », qui permet à la personne en deuil de ne pas être anéantie par un trop-plein d'émotions. Elle n'arrive pas à croire que son proche est mort. Cette phase protectrice ne dure habituellement que quelques heures à quelques jours, et elle est normale. Les émotions apparaissent ensuite progressivement au fur et à mesure que la réalité de la mort est acceptée, permettant au processus de deuil de commencer.

L'absence de réactions de deuil après le décès peut parfois s'expliquer par un deuil anticipatoire : lorsque le décès a pu être anticipé, dans le cas d'une maladie par exemple, on a pu faire son travail de deuil, et ressentir les signes habituels du deuil avant la mort de son proche. Lorsque la mort survient, le deuil a déjà en partie été fait.

Il arrive parfois que la personne en deuil ne ressente toujours pas d'émotion douloureuse même plusieurs jours après le décès, comme si elle ne semblait pas atteinte par la réalité de la perte.

Pendant longtemps, on a cru que cette absence d'émotion traduisait un deuil pathologique, qu'on appelle « deuil absent ». Dans ce cas, la personne en deuil se protège du ressenti douloureux lié à la perte. Elle évite les souvenirs avec la personne disparue et continue à vivre comme si rien ne s'était passé, par peur de perdre le contrôle et d'être submergé par la souffrance morale. Ce deuil absent peut aussi survenir quand la relation d'attachement avec le défunt était superficielle ou distante émotionnellement. Il semble que ce type de deuil soit en fait très rare.

L'absence de réactions est parfois le signe que le travail de deuil est repoussé, car il faut faire face dans l'immédiat à des difficultés plus urgentes, comme s'occuper des enfants. Le deuil fera son apparition un peu plus tard : il s'agit d'un deuil différé.

On a même découvert que de nombreuses personnes en deuil ne présentaient pas les réactions habituelles. Cette absence de réactions ne semble pas toujours traduire une mauvaise adaptation à la disparition de son proche : ne rien ressentir n'est pas toujours synonyme d'anormalité. Ce « silence émotionnel » peut être interprété comme un moyen de s'adapter progressivement au deuil. Beaucoup plus de personnes endeuillées qu'on ne le pense sont en fait résilientes, et ne souffrent que de peu de réactions de deuil, que ce soit avant ou dans les suites du décès.

La situation est différente pour les enfants, car ils sont en plein développement intellectuel et n'ont pas encore toutes les capacités pour comprendre ce qu'est la mort, notamment son caractère irréversible, définitif. Ils peuvent croire que la personne morte recommencera à vivre, ce qui explique que chez eux, le travail de deuil soit retardé. Ils devront en fait continuer ce travail de deuil pendant toute leur adolescence. Ce n'est que parvenus à l'âge adulte qu'ils pourront le terminer.

Comprendre : Ne rien ressentir lors de la mort d'un proche peut être lié à de nombreuses causes. Il s'agit souvent d'une protection passagère contre la souffrance.

Mon conseil : Ne culpabilisez pas un enfant qui ne montre pas de tristesse. Il n'a pas la même conception de la mort que les adultes.

Idée fausse : Ne rien ressentir est forcément anormal.

L'ENFANT EN DEUIL

Un enfant peut-il souffrir et ressentir le deuil ?

Pendant longtemps on a cru que l'enfant ne ressentait pas la douleur physique, ni la douleur morale. Nous savons maintenant qu'il n'en est rien. La manière qu'a l'enfant de ressentir son deuil déprendra de nombreux facteurs, mais surtout de son âge et de sa maturité.

L'enfant peut-il comprendre ce qu'est la mort ?

L'enfant très jeune, jusqu'à deux ou trois ans, est incapable de comprendre tout ce qu'implique la mort. Ce mot renvoie pour lui simplement à une absence. Il ne peut pas réaliser que cette absence est définitive et irréversible.

Puis, jusqu'à cinq ans environ, il comprend la mort comme un voyage dont on peut revenir. Il ne parvient pas encore à en saisir le concept. La mort n'est pour lui qu'un état particulier de la vie. La vie et la mort ne sont pas opposées.

Entre cinq et neuf ans, la mort commence à devenir une réalité qu'il peut parfois observer lorsque l'animal de la maison meurt. En raison de son mode de pensée très concret, il se représente la mort sous la forme d'un personnage. Mais cette réalité reste encore lointaine, voire évitable.

Ce n'est qu'à partir de neuf ou dix ans que l'enfant comprend que la mort est un état inéluctable pour tout être vivant, irréversible, s'accompagnant de l'arrêt des fonctions vitales. Il devient conscient que lui aussi mourra, mais il n'envisage cet événement que dans un avenir très lointain, car ce sont les vieux qui meurent. Il commence à se poser des questions sur ce que devient le corps après la mort, sur les rituels associés au deuil, et il devient capable d'exprimer ce qu'il ressent.

Ce découpage selon l'âge n'est bien entendu qu'un repère, car de nombreux facteurs influencent l'enfant dans sa manière de comprendre la mort : sa maturité, son intelligence, ses expériences, son milieu social, son environnement familial et notamment ce que les adultes lui expliquent, etc.

L'expression du deuil chez l'enfant

Bien que l'irréversibilité de la mort ne soit pas comprise avant huit ou neuf ans, l'enfant pourra faire un certain travail de deuil même avant d'avoir atteint cet âge. Ce travail dépendra surtout de l'idée qu'il se fait de la mort et s'exprimera de très nombreuses manières.

Le très jeune enfant qui perd sa mère doit affronter la disparition de tous les repères sensoriels qu'elle lui apportait jour après jour et qui constituaient son monde : sa voix, son odeur, le contact avec sa peau, les battements de son cœur contre son corps. On peut imaginer que la disparition, du jour au lendemain, de ce monde sensoriel sécurisant puisse avoir des conséquences sur le tout-petit, même si nous ne savons pas exactement lesquelles.

S'il s'agit de la mort de son père, d'un frère ou d'une sœur, le très jeune enfant en subira également les conséquences. Il ressentira la détresse et la dépression de sa mère qui sera inévitablement moins disponible pour lui. C'est surtout la manière dont les adultes qui l'entourent vivent leur propre deuil qui sera déterminante dans le deuil de l'enfant très jeune qui s'exprimera éventuellement par plus de pleurs que d'habitude, des colères, des difficultés alimentaires ou des troubles du sommeil. Son propre travail de deuil sera ensuite mis en suspens pour ne reprendre qu'au cours de l'enfance puis de l'adolescence.

Entre deux et cinq ans, le deuil peut se traduire par une irritabilité, des variations d'humeur, des troubles du sommeil ou de l'appétit.

Après cinq ans, le deuil se traduira plus par des changements de caractère, un désintérêt et un fléchissement scolaire, des perturbations du sommeil et de l'appétit que par un état dépressif. L'enfant peut jouer, seul ou avec ses camarades, à reproduire l'accident responsable de la mort de son parent ou rejouer le déroulement des obsèques. Ces comportements normaux l'aident à assimiler l'absence de son parent.

Restez calmes si vous surprenez votre enfant à parler avec son parent disparu ou s'il vous dit le voir à côté de lui. Ces manifestations qui ressemblent à des hallucinations, mais qui n'en sont pas, sont utiles à son travail de deuil.

L'enfant en deuil peut avoir des attitudes et des comportements plus infantiles (les parents disent alors qu'il « régresse ») ; il se met à parler et à faire le « bébé », il demande plus d'attention et plus de câlins.

L'enfant se sent souvent coupable de la mort de son parent (père, mère, frère ou sœur) car, comme tous les enfants, il ressent pour celui-ci des sentiments ambivalents, c'est-à-dire opposés : l'amour et la haine. Comme il se sent coupable, il en déduit qu'il est méchant et qu'il n'est pas digne d'être aimé.

L'enfant peut se mettre à développer des comportements obsessionnels, répétitifs, tels des prières ou des rituels qui lui permettent de se rassurer. Conjurer ainsi le sort lui donne l'impression de pouvoir éviter une autre mort, idée qui souvent le terrorise.

Parfois, l'enfant semble indifférent, n'exprime rien, et retourne jouer par exemple, parfois même en riant. Ne pensez pas qu'il est indifférent. Il se protège simplement de trop d'émotions. Il assimilera la douleur par petits bouts, pour la digérer à son rythme, progressivement. Il le fera en alternant les moments de profonde tristesse et les moments d'évitement de la souffrance où il semblera indifférent, insensible, insouciant. C'est ce qu'on appelle une « expression discontinue du deuil ».

Il peut aussi avoir des attitudes qui sembleront peut-être égoïstes à l'adulte que vous êtes. Il demandera qui l'emmènera à son cours de tennis ou de judo, qui ira le chercher à la sortie de l'école, qui lui fera à manger. Ces préoccupations traduisent simplement son besoin d'être rassuré. Il a besoin de savoir que son environnement quotidien et l'organisation de sa vie ne seront pas remis en question. Il a besoin de stabilité. Et si ce besoin fondamental de réassurance n'est pas rempli, il pourra devenir agressif, voire violent. C'est sa manière de montrer sa colère, qui est une émotion normale.

L'enfant peut même repousser l'expression de son deuil s'il perçoit que son entourage n'est pas assez stable et sécurisant pour lui permettre d'exprimer toutes ses émotions

Habituellement, le deuil de l'enfant continue, plus ou moins silencieusement, jusqu'à l'âge adulte où il pourra cicatriser. Les relations intériorisées qu'il entretient avec son proche disparu évoluent et changent au fur et à mesure de son développement psychologique, intellectuel et émotionnel. Tout comme elles auraient évolué et changé si son parent était vivant. À chaque nouvelle étape de son développement, l'enfant posera de nouvelles questions sur la personne décédée, sa mort et ce qu'elle est devenue. Et il aura besoin de nouvelles réponses, appropriées à son âge et à sa maturité, pour intégrer progressivement la réalité.

Comprendre : L'enfant ressent le deuil de manière variable selon sa maturité et le comportement de son entourage, mais son deuil sera toujours un deuil différé jusqu'à l'âge adulte.

Mon conseil : Maintenez autant que possible une stabilité dans la vie de votre enfant et aidez-le à exprimer son deuil par la parole, le jeu ou le dessin.

Idée fausse : Si mon enfant ne pleure pas et ne montre aucune tristesse, c'est qu'il ne souffre pas.

L'enfant doit-il voir son parent mort ?

Nous avons vu que l'enfant ne comprend le caractère définitif et irréversible de la mort que vers l'âge de neuf ans. Jusqu'à cet âge, il voit la mort comme un autre état de la vie. C'est d'ailleurs ce qu'il voit dans ses jeux vidéo où les morts se relèvent pour continuer à vivre, bénéficiant d'un certain nombre de « vies ».

Nous devons aider nos enfants à comprendre que la mort est irréversible, définitive, et que leur parent mort ne revivra plus. Lui permettre de voir et toucher le corps l'aidera à intégrer, à assimiler cette réalité.

Proposez-lui d'aller voir une dernière fois son parent mort, en l'accompagnant bien entendu. Il n'est pas question de le laisser seul dans une telle situation. Dites-lui qu'il peut vous poser toutes les questions qu'il souhaite, et répondez-y d'une manière franche, directe et avec des mots qu'il pourra comprendre.

Expliquez-lui qu'il sera en sécurité avec vous, mais, s'il a peur ou ne veut pas y aller, dites-lui qu'il en a le droit et acceptez son refus sans le culpabiliser. Ne le forcez jamais à aller voir une personne morte.

S'il accepte de vous accompagner voir le corps mort, avant d'y aller, décrivez-lui les lieux et ce qu'il verra : un corps allongé sur une table spéciale ou dans un cercueil, avec souvent des fleurs disposées autour de lui. Précisez-lui que le corps sera froid car il ne vit plus. Expliquez-lui qu'il verra peut-être des personnes en pleurs. Une fois devant la chambre funéraire, allez-y d'abord seul pour vous assurer que rien d'imprévu ne pourra le perturber. Ne le forcez jamais à embrasser le corps, mais proposez-lui de le toucher en lui donnant l'autorisation de le faire. Suggérez-lui de dire au défunt ce qu'il a envie de lui dire et de déposer dans le cercueil un dessin, une lettre ou un jouet pour lui dire adieu.

Si le visage de son parent est très abîmé, ou même méconnaissable, ne lui proposez pas d'aller le voir. Cela pourrait être source de cauchemars.

Comprendre : Voir son parent mort, toucher son corps froid aidera l'enfant à comprendre que la mort est bien réelle et l'aidera à commencer son travail de deuil.

Mon conseil : S'il ne veut pas ou ne peut pas voir son parent mort, suggérez à l'enfant de faire un dessin que vous mettrez pour lui dans le cercueil.

Idée fausse : C'est traumatisant pour un enfant de voir un mort.

L'enfant doit-il assister à l'enterrement ou à la crémation ?

Certains sont convaincus qu'assister aux obsèques d'un parent (que ce soit une cérémonie religieuse ou laïque, l'enterrement, le placement de l'urne dans le columbarium ou la dispersion des cendres) risque d'être pour l'enfant un traumatisme supplémentaire. Et lorsque l'enfant a moins de trois ou quatre ans, ils avancent l'argument supplémentaire qu'il est inutile de lui imposer cela puisque, de toute façon, il n'en gardera aucun souvenir. Ils décident alors de tenir l'enfant éloigné des cérémonies funéraires.

Mais cette louable intention porte malheureusement en elle des conséquences graves pour l'enfant. Elle l'exclut du rituel familial, comme s'il n'était pas concerné, comme s'il n'était pas en deuil lui aussi, alors qu'il a, à ce moment précis, un grand besoin de se sentir appartenir à sa famille. Son absence à un événement qu'il perçoit comme particulièrement important pour tout son entourage développera en lui un sentiment d'exclusion. En cherchant à en comprendre les raisons, il risque de faire ce que font les enfants : s'attribuer la responsabilité de ce qui se passe et croire qu'il a fait quelque chose de mal, qu'il est méchant. Bref, il va se culpabiliser.

Comme les adultes, l'enfant a besoin d'être considéré comme une personne en deuil, et les obsèques l'aident à comprendre que son proche est mort et qu'il ne reviendra jamais. Son travail de deuil peut commencer, et on sait qu'il durera en fait très longtemps, car il ne pourra vraiment cicatriser qu'à l'âge adulte. L'empêcher d'être présent aux obsèques risque ainsi de freiner son propre travail de deuil.

Lorsque, des années plus tard, devenu adulte, la mort de son parent sera évoquée, que des photos seront ressorties, des souvenirs partagés, il se rendra compte qu'il n'était pas présent et se demandera pourquoi. Il se sentira de nouveau exclu. Au contraire, apprendre qu'il était présent, qu'on s'est soucié de lui, qu'on l'a intégré à cet événement familial important consolidera son sentiment d'appartenance à sa famille. Il pourra alors s'en construire un souvenir.

Exclure les enfants des obsèques témoigne aussi d'une vieille croyance erronée, à savoir que les enfants ne souffrent pas moralement et qu'ils n'ont donc pas besoin de ce rituel. C'est aussi faux que de croire, comme on l'a fait longtemps, que l'enfant ne souffrait pas physiquement !

La seule raison justifiant qu'un enfant ne soit pas présent aux obsèques de son proche est son propre refus d'y aller. Il est alors important de respecter sa volonté, et en aucun cas de le contraindre. Demandez-lui de vous expliquer ses raisons, rassurez-le et répondez à toutes ses questions avec des mots qu'il peut comprendre. Mais avant qu'il ne prenne sa décision, dites-lui bien que sa présence vous paraît importante, car cela l'aidera dans son travail d'acceptation de cette réalité douloureuse. Expliquez-lui ce qui va se passer, décrivez-lui le déroulement des obsèques en le prévenant qu'il verra des gens tristes et en pleurs et que lui-même pourra pleurer sans avoir à se retenir. Expliquez-lui que vous demanderez à une personne proche, qu'il connaît bien, un ami de la famille ou sa baby-sitter par exemple, de rester avec lui pendant toute la durée de la cérémonie, et qu'elle sera disponible pour jouer avec lui ou s'éloigner s'il le demande. Si l'enfant refuse malgré tout d'y assister, intégrez-le au rituel funéraire d'une autre manière, en veillant à ce que sa participation soit active. Demandez-lui d'abord comment il aimerait participer à sa façon aux obsèques. S'il n'a pas d'idée, faites-lui des propositions : à la maison et à l'heure des obsèques, allumer une bougie et réciter un poème de son choix, choisir un morceau de musique qui sera joué pendant la cérémonie, faire un dessin ou choisir des fleurs ou un objet que vous déposerez pour lui sur le cercueil. Après les obsèques, vous lui en raconterez le déroulement et lui proposerez d'aller sur la tombe pour y déposer une fleur ou un objet.

Un cas particulier, de plus en plus fréquent, est celui de la crémation. Il n'est pas utile qu'il assiste à la crémation elle-même, mais il peut assister aux cérémonies qui la précèdent et qui la suivent. Expliquez-lui en quoi consiste la crémation (les cendres sont obtenues par la chaleur et non directement par les flammes). Expliquez à l'enfant que l'évolution spontanée du corps après la mort est une décomposition lente qui transforme le corps en poussière, et que la crémation est une manière d'accélérer ce processus naturel. N'employez pas les verbes « brûler » et « incinérer », afin de lui éviter d'associer la crémation avec des situations de la vie quotidienne, ce qui pourrait le perturber ou rendre sa compréhension plus confuse (on parle habituellement d'un gâteau brûlé, de se brûler la main, ou de l'incinération des déchets domestiques par exemple). Pour les mêmes raisons, éviter de parler de « four ». Peut-être ne connaissez-vous pas le verbe qui décrit la crémation. Il s'agit du verbe « crêmer ». Le verbe « crématiser » est souvent employé mais c'est un néologisme.

La meilleure manière de faire est déjà d'aider les enfants à se familiariser avec la mort. Les faire participer aux obsèques de leurs arrière-grands-parents, grands-parents, oncles et tantes ou parents lointains les y aidera d'une manière moins douloureuse, car leurs liens affectifs avec ces membres de la famille sont souvent moins forts. C'est une manière de les préparer aux deuils plus douloureux qu'ils auront à vivre.

Comprendre : Les enfants ont également un travail de deuil à faire. Ils ont besoin de participer activement aux rituels funéraires qui réunissent toute leur famille, afin d'éviter qu'ils se sentent exclus.

Mon conseil : Expliquez aux enfants le déroulement des obsèques. S'ils refusent absolument d'y assister, faites-les participer d'une autre manière.

Idée fausse : C'est traumatisant pour un enfant d'assister aux obsèques de son parent.

Que faut-il dire aux enfants ?

Notre société a de plus en plus de difficultés à montrer la mort et à l'accepter. En cachant la mort aux enfants, nous ne les préparons pas à affronter celle d'un membre de leur famille, que ce soit un de leurs parents, un frère ou une sœur, ou même celle d'un camarade d'école. Cacher la mort risque de leur faire croire qu'elle n'existe pas.

Le seul conseil possible est le suivant : parlez à vos enfants, dites-leur la vérité et encouragez-les à poser des questions et à exprimer leurs sentiments, leurs émotions.

La vérité : leur papa, leur maman, leur frère ou leur sœur est mort. Acceptez d'utiliser le mot « mort » qui est le plus approprié, le plus simple, et évitez les mots comme « parti », « perdu » ou « endormi ». Selon l'âge de l'enfant, donnez-lui quelques explications avec des mots qu'il peut comprendre, sans trop de détails. Expliquez-lui les circonstances de la mort (un accident, une maladie, un suicide...) et dites-lui que son parent ne reviendra jamais, qu'il ne revivra plus jamais. Ne lui racontez pas d'histoires (« elle est partie au ciel, dormir longtemps, ou faire un long voyage »). Comparer la mort à un voyage ou à un profond sommeil risque de rendre l'enfant anxieux lorsqu'il s'agira de partir en voyage ou tout simplement d'aller se coucher. Rappelez-vous que l'enfant réfléchit d'une manière concrète. Lui dire que son parent est « monté au ciel » risque de le conduire à scruter les nuages pour le retrouver, ou à craindre qu'il ne le surveille « d'en haut ». Dire que sa maman a « perdu » son bébé peut lui faire croire qu'on le retrouvera... Si vous utilisez de telles expressions, expliquez à l'enfant que ce n'est qu'une manière de parler. Lui mentir serait aussi la meilleure façon d'ébranler la confiance qu'il a en vous, car il apprendra la vérité un jour ou l'autre. Si vous lui avez menti, il le ressentira comme une trahison.

Parlez-lui de son parent décédé, sans en faire une description idéalisée, parfaite et irréelle, mais en évoquant autant ses qualités que ses défauts.

Dites-lui bien qu'il n'est absolument pas responsable de cette mort. C'est très important, car l'enfant a toujours tendance à se croire responsable de ce qui arrive autour de lui, d'autant plus qu'il a moins de sept ou huit ans. À cet âge, l'enfant est persuadé que ce qu'il imagine va se produire : c'est le stade de la toute-puissance de la pensée, de la pensée magique. Or, quel enfant n'a pas pensé à la disparition de son petit frère, de son papa ou de sa maman ? Expliquez-lui clairement que penser à la mort ne la fera pas apparaître et ne fera mourir personne.

Rassurez-le dans la mesure où c'est possible : ni lui ni personne d'autre ne va mourir. L'enfant imagine la mort comme quelque chose de contagieux, un peu comme une grippe ou un rhume, qu'il pourrait donc lui aussi « attraper ». Il peut alors avoir peur de mourir, ou que tout son entourage meure. Expliquez-lui que la mort ne se transmet pas comme une grippe. Dites-lui également que vous allez prendre soin aussi de vous-même. Cela le rassurera, car c'est en prenant soin de vous que vous pourrez continuer à prendre soin de lui.

Dites-lui que vous allez continuer à aimer son parent qui est mort, et que ni vous ni lui ne l'oublierez.

Accueillez ses réactions et encouragez-le à poser des questions, même si elles vous paraissent bizarres ou farfelues, et même s'il les pose à des moments qui vous sembleront inadaptés. Acceptez d'interrompre ce que vous êtes en train de faire pour lui répondre, car ses émotions sont prioritaires.

Faites-le parler de ses conceptions de la mort qui seront bien entendu variables selon son âge. Donnez-lui suffisamment d'explications claires et réelles pour lui éviter de s'imaginer des scénarios qui pourraient être encore plus angoissants que la réalité. Mais adaptez vos explications à son âge et à son niveau de développement, et laissez-lui le temps d'assimiler, à son rythme, tous ces éléments nouveaux et perturbants.

Expliquez-lui tous les changements qui risquent de survenir dans sa vie quotidienne du fait de cette mort. Rassurez-le en lui disant que même si des choses vont changer, on va prendre soin de lui, s'occuper de lui et l'aimer. Pensez à lui dire tout cela de très nombreuses fois.

Ne le chargez pas d'une responsabilité excessive et inappropriée, par exemple en lui disant qu'il ou elle, est devenu(e) maintenant l'homme ou la femme de la maison, et qu'il ou elle, doit être fort(e). Ce genre de paroles risque de l'angoisser encore plus.

Et même avec un nourrisson de quelques jours ou de quelques mois, expliquez-lui avec des mots tout simples ce qui s'est passé. Même s'il ne parle pas, il ressentira tous les changements liés au deuil qui frappe sa famille : si sa mère est morte, il ne sentira plus son odeur, n'entendra plus sa voix, ne sera plus au contact de sa peau, ce qui produira un bouleversement considérable dans son environnement sensoriel quotidien. Et si sa mère est en deuil, elle ne sera plus aussi disponible pour lui, ce qu'il ressentira tout autant. La disparition du père aura également des conséquences directes, proportionnelles à l'investissement affectif et quotidien dont il faisait preuve pour son enfant. Son père n'étant plus là pour lui donner son bain ou le faire manger, partager des moments de complicité, de tendresse et de jeu, l'enfant même très jeune devra s'adapter à ces changements et à cette absence. Il traversera inéluctablement des moments douloureux de manque, même si sa mère ou son entourage tente d'y remédier. Il a le droit de connaître les raisons de tous ces changements qu'il va devoir affronter.

Enfin, encouragez-le à exprimer ce qu'il ressent, toutes ses émotions, que ce soit par des mots mais aussi par des comportements, même si certains gestes peuvent sembler agressifs ou violents. Encouragez-le à pleurer s'il en ressent le besoin, montrez-lui même l'exemple, mais évitez de vous effondrer complètement devant lui. Ce sont des réactions normales et vous devez les comprendre et les accepter. S'il ressent de la peur ou de la colère, demandez-lui ce qui pourrait le rassurer.

Comprendre : Les enfants doivent connaître la vérité, quel que soit leur âge, et ont besoin de stabilité dans leur environnement pour vivre leur deuil.

Mon conseil : Dites-leur la vérité, aidez-les à parler de ce qu'ils ressentent et à poser des questions, faites-les dessiner, et rassurez-les.

Idée fausse : Il est préférable de lui dire que son parent est « parti au ciel » que de lui dire qu'il est mort.

Que faut-il faire avec les enfants ?

Nous avons vu combien il est important de dire certaines choses aux enfants en deuil. De la même manière, certaines choses doivent être faites avec eux.

La première consiste déjà à proposer à l'enfant d'aller voir le corps mort de son parent (voir aussi « L'enfant doit-il voir son parent mort ? »). Maintenez autant qu'il est possible l'enfant en deuil dans sa famille. Ne le séparez surtout pas de ses proches, sous prétexte de le protéger de leur souffrance. Il est important qu'il reste avec sa famille, que ce soit durant la maladie, les derniers moments de son parent, les obsèques, ou après.

Mais lorsqu'un père, une mère ou un enfant meurt, le ou les parents doivent faire face à leur propre deuil et à leur propre souffrance. Rester disponible pour s'occuper des autres enfants de la famille devient parfois impossible. Les enfants risquent alors de se retrouver totalement seuls face à cette disparition, à leur peine et à tous les changements qui surgissent. Si vous venez de perdre votre conjoint et que personne ne peut venir habiter avec vous pendant quelque temps, vous pouvez vous sentir incapable de vous occuper de vos enfants parce que vous êtes trop fatigué, non disponible et trop triste. Dans ces situations difficiles, et parce qu'un adulte doit continuer à prendre soin d'eux pour éviter qu'ils ne se sentent délaissés, acceptez de confier vos enfants quelques jours à des adultes extérieurs à la famille, des amis par exemple. En effet, il est préférable de ne pas laisser un enfant en deuil seul avec un adulte endeuillé si la douleur de ce dernier le rend incapable de sécuriser l'enfant. Expliquez aux enfants les raisons de cette décision provisoire, et rassurez-les sur votre amour pour eux.

Si l'enfant vient de perdre l'un de ses parents, il a besoin de conserver un lien avec lui. Le parent qui reste ou un autre membre de l'entourage peut regarder avec lui les photos sur l'ordinateur, ou sur les albums s'il y en a, et lui proposer d'en choisir une qu'il conservera. Il peut faire la même chose avec les objets qui faisaient partie de l'univers quotidien du parent disparu. L'objet-souvenir qu'il choisira servira alors de lien avec son parent décédé (un stylo, un portefeuille, un porte-clés, un porte-documents, etc.).

Proposez-lui d'aller vous promener ensemble dans les endroits où vous aviez l'habitude de vous rendre en famille avant la mort de son parent.

Montrez à l'enfant que vous allez prendre soin de vous, que vous allez vous faire aider par des amis, voire par un professionnel. Cela lui évitera d'essayer de vous protéger. Sachez que l'enfant, même s'il souffre, va d'abord chercher à protéger ses parents, quitte à en oublier ses propres besoins.

Acceptez de lui montrer vos émotions, de pleurer devant lui, pour l'encourager à faire la même chose, et à exprimer ce qu'il ressent.

Si l'enfant ne dit rien, dites-lui que vous comprenez et acceptez son silence, et que vous restez disponible pour parler avec lui à n'importe quel moment.

S'il a peur, demandez-lui de dessiner de quoi il a peur, de dessiner sa tristesse, et faites-le parler sur ce qu'il a dessiné.

L'enfant en deuil a aussi besoin de moments de calme et de tranquillité, quel que soit son âge.

Arrangez-vous pour qu'il puisse se retrouver tout seul de temps en temps.

Pour rassurer l'enfant sur le fait que personne n'oubliera son parent décédé, célébrez-en les dates anniversaires de naissance et de mort.

Comprendre : L'enfant doit être accompagné, aimé et soutenu dans toutes les étapes de son deuil.

Mon conseil : Proposez-lui de venir avec vous voir le corps de son parent mort, dites-lui qu'il n'est pas responsable de cette mort et veillez à ce qu'il n'oublie pas son propre deuil en essayant de vous soutenir.

Idée fausse : Il ne faut surtout pas montrer notre souffrance aux enfants.

Quand faut-il s'inquiéter de ses réactions ?

Il est important de savoir que la capacité de l'enfant à comprendre la mort, ses réactions face à elle et ses façons de s'y adapter dépendent de son niveau de développement.

Confrontés à la mort d'un proche, les enfants et les adolescents ont habituellement des réactions qui peuvent choquer les adultes, tant elles paraissent décalées ou inappropriées.

Mais ces réactions ne sont pas anormales pour autant, et l'adulte doit savoir les reconnaître pour accompagner correctement l'enfant en deuil. Ce peut être de la colère, des actes de violence, une apparente indifférence par moments, des rituels, une peur de rester seul, ou une infantilisation passagère (parler « bébé », réclamer plus de câlins…). Certains adolescents vont se mettre à faire les clowns, utilisant l'humour et le rire comme moyens d'anesthésier la souffrance de leur deuil.

Il arrive néanmoins qu'un enfant en deuil continue d'aller mal au-delà de quelques semaines. Cela signifie que son travail de deuil se fait mal, ou ne se fait pas. Certains comportements devront vous faire réagir et demander de l'aide à un pédopsychiatre ou à un psychologue, surtout s'ils persistent plus de deux mois après le décès.

Demandez de l'aide si vous observez une angoisse très forte ou prolongée, ou des signes persistants évocateurs d'une dépression, par exemple lorsque l'enfant perd tout intérêt pour ses activités préférées, qu'il n'a plus envie de voir ses camarades et continue de s'isoler, qu'il n'arrive pas à s'endormir ou qu'il n'a plus d'appétit, qu'il refuse d'aller à l'école ou que ses résultats scolaires s'effondrent.

Inquiétez-vous s'il exprime une culpabilité très excessive ou durable, par exemple s'il se reproche des choses en disant ne rien valoir, s'il manifeste des troubles graves du comportement, par exemple s'il devient trop agressif, hyperactif ou s'il cherche manifestement à se mettre en danger. A fortiori s'il fait une tentative de suicide.

Une absence durable de réaction (de tristesse, de pleurs, de questions…) doit vous faire demander un avis spécialisé.

Demandez conseil également si l'enfant se met à imiter son père ou sa mère d'une manière excessive, ou si vous l'entendez souvent répéter qu'il veut rejoindre son papa ou sa maman.

Comprendre : Tout comme les adultes, les enfants s'engagent dans un travail de deuil qui peut se compliquer et nécessiter un avis psychiatrique.

Mon conseil : Demandez conseil si des troubles persistent plus de deux mois après le décès, notamment si l'enfant se replie sur lui-même, s'il affirme vouloir remplacer son parent décédé ou s'il cherche de manière excessive à s'identifier à lui.

Idée fausse : Les enfants ont les mêmes réactions que les adultes face au deuil.

VOUS VENEZ DE PERDRE VOTRE CONJOINT

Un deuil complexe

Perdre son conjoint c'est perdre une personne importante à laquelle on est resté attaché souvent très longtemps. Cette perte nous oblige à faire plusieurs deuils. D'abord, le deuil de la personne elle-même, bien entendu. Il nous est maintenant impossible de la voir, l'entendre, la toucher, l'embrasser, lui faire l'amour. À cette solitude physique s'ajoute une solitude émotionnelle. Nous nous retrouvons seuls pour essayer de prendre en charge tout ce qu'il faisait dans la maison. Nous devons apprendre de nouvelles compétences (cuisiner, suivre les comptes, jardiner, repasser, etc.) pour accomplir les tâches dont il s'occupait. Pour de nombreux veufs et veuves, une manière de lutter contre leur solitude émotionnelle consiste à maintenir un lien très fort avec leur conjoint mort. Sentir sa présence, se sentir protégé par lui et lui parler régulièrement les aide à s'adapter à son absence. Si c'est votre cas, rassurez-vous, c'est normal.

Nous devons également faire le deuil d'une partie de notre identité. Une partie de notre mémoire a disparu avec notre conjoint qui n'est plus là pour nous rappeler des souvenirs de notre propre existence. Nous sommes comme amputés d'une partie de nous-mêmes. Notre identité sociale est aussi perturbée : les amis nous délaissent progressivement, le statut de veuf fait fuir les gens, et s'il était seul à travailler, nous avons l'impression de ne plus exister socialement. Nous risquons alors de perdre une partie de notre estime de soi.

Être en deuil de son conjoint est une situation à risque pour notre santé. Les études montrent que le risque de mortalité est plus élevé pour les jeunes ayant perdu leur conjoint, surtout pour les hommes et pendant la première année du deuil. Les causes de mortalité sont souvent des maladies cardio-vasculaires. Le risque de souffrir d'infections, de maladies diverses et même d'accidents est plus important à cause de notre fragilité. Pensez à consulter régulièrement votre médecin et continuez à prendre vos traitements habituels.

Perdre un conjoint, tout comme perdre un enfant, provoque des réactions de deuil souvent intenses. Les complications sont aussi plus fréquentes que lorsqu'un adulte perd un de ses parents, ou qu'il s'agit du deuil d'un ami, d'un oncle ou d'une tante (voir aussi « Les complications du deuil »). Toutefois, des études montrent que les personnes âgées veuves s'adaptent plus facilement à cette disparition, et que la moitié d'entre elles ne traverseront pas la phase dépressive.

Votre travail de deuil risque d'être perturbé dans certaines circonstances.

Si vous vous sentez coupable parce que votre relation avec votre conjoint était conflictuelle et que vous n'avez pas eu le temps ou la possibilité de régler certaines choses avec lui.

Si votre culpabilité est aggravée par le fait de recevoir une somme d'argent d'un contrat d'assurance-vie par exemple. Comment profiter vraiment de cet argent ?

Si votre veuvage s'accompagne d'une perte importante de revenus et vous confronte à des difficultés matérielles pour boucler les fins de mois. Se battre sur le plan matériel peut vous rendre moins disponible pour vous consacrer totalement à votre travail de deuil.

La reprise d'une relation sentimentale et d'une sexualité avec un autre partenaire peut être difficile et culpabilisante. Certains auront l'impression de tromper leur conjoint décédé, alors que d'autres reprendront très rapidement une sexualité soit pour essayer d'anesthésier leur souffrance, soit pour se rassurer, se sentir exister et en vie.

Comprendre : Perdre son conjoint est une situation de deuil particulièrement douloureuse qui nous oblige à changer et à nous adapter à un environnement totalement nouveau.

Mon conseil : N'hésitez pas à demander de l'aide à votre entourage et à vos amis.

Idée fausse : Si je sens la présence de mon conjoint décédé et que je lui parle, c'est que je suis malade.

Quand on a de jeunes enfants

Perdre son conjoint lorsque des enfants jeunes sont encore à la maison pose des problèmes plus particuliers.

Apprendre la mort de son conjoint, surtout si elle est accidentelle, est tellement douloureux que vous pouvez vous sentir incapable de l'annoncer calmement à vos enfants. Il vaut mieux alors demander l'aide d'un proche qui vous soutiendra dans ce moment si difficile.

Face à ce deuil, vous pouvez avoir besoin de vous isoler, pour penser à lui. Comment faire quand on a des enfants qui ont besoin qu'on s'occupe d'eux, qui eux aussi sont en deuil ? N'hésitez pas à confier vos enfants quelques heures ou quelques jours, en leur expliquant pourquoi, à des amis ou des proches en qui vous avez confiance.

Avoir sous les yeux en permanence un enfant dont les traits ne cessent de vous rappeler votre conjoint décédé peut être assez éprouvant. Prenez conscience de vos émotions parfois négatives envers lui, et montrez-lui que vous l'aimez.

Il est très important de faire attention que l'un de vos enfants ne se sacrifie pas pour devenir votre confident, voire votre thérapeute. Cela risquerait de perturber son propre travail de deuil. Ce n'est pas à lui de vous soutenir. Demandez une aide extérieure : cela vous aidera et lui permettra d'être rassuré.

Comprendre : Les enfants ayant perdu un parent « s'oublient » souvent pour soutenir le parent en vie au détriment de leur propre deuil.

Mon conseil : Faites-vous aider pour leur annoncer le décès ou pour s'occuper d'eux.

Idée fausse : Je n'ai pas le droit de prendre du temps pour mon propre deuil.

VOUS VENEZ DE PERDRE UN ENFANT

Un deuil plus long et plus douloureux

Perdre un enfant représente probablement l'un des événements les plus traumatiques que l'on puisse vivre. Et il est tellement inconcevable qu'aucun mot n'existe, dans aucune langue, pour désigner un parent en deuil de son enfant. Comme si cette situation ne pouvait pas exister. Certains parents en deuil de leur enfant ont donc créé un nouveau mot pour les distinguer des autres parents : « désenfanté ».

Les parents peuvent perdre leur enfant avant même la naissance (fausse couche, interruption médicale de grossesse, avortement, mort in utero) ou après la naissance. La souffrance est alourdie par la culpabilité et le sentiment d'injustice. Et si les parents pensent que la mort aurait pu être évitée, colère et révolte s'expriment douloureusement. La question « pourquoi ? » ne cesse de revenir dans leur esprit. Il semble que la douleur de perdre un enfant est d'autant plus forte que l'enfant est âgé. Car l'attachement des parents à leur enfant est proportionnel à son âge. D'une manière générale, le deuil d'un enfant risque d'être plus long et plus douloureux qu'un autre type de deuil.

Les parents ont le choix de voir ou de ne pas voir leur enfant mort. Comme dans toute perte, voir le corps mort aide incontestablement à commencer le travail de deuil ; cela aide à reconnaître la réalité de la mort. Mais il ne faut pas contraindre les parents, et leur choix doit être respecté. Des photos de l'enfant décédé peuvent être prises et pourront être remises aux parents s'ils le désirent.

Même si l'enfant est décédé in utero, ou après la naissance mais avant que la déclaration de naissance n'ait été établie, l'« acte d'enfant sans vie » permet d'inscrire l'enfant sur le livret de famille et de lui donner ainsi une existence. Il autorise aussi les parents à organiser des obsèques pour leur enfant. Quel que soit l'âge de l'enfant décédé, il est donc possible de lui donner un nom et une place dans l'histoire de la famille.

Rappelez-vous que chaque individu a sa manière propre de faire son deuil. Le père et la mère ne ressentiront donc pas les mêmes émotions et n'auront pas les mêmes besoins aux mêmes moments (voir aussi « Mon conjoint ne réagit pas comme moi face à la mort de notre enfant »). Toutes les études qui ont été faites sur le deuil d'un enfant montrent que les mères souffrent d'une manière plus intense que les pères, mais qu'elles vont mieux plus vite.

Face à cette douleur, des facettes inconnues de vos personnalités peuvent émerger et être à l'origine de conflits et d'incompréhensions. La communication dans le couple est indispensable pour que chacun tienne compte de l'évolution de l'autre et l'accepte, même si elle est très différente de la sienne. Le risque est d'aboutir sinon à une séparation. Parler avec d'autres parents en deuil, ce qui est souvent possible au sein d'associations, peut vous aider énormément dans votre deuil. Il existe des associations dans de nombreuses villes. Internet vous sera d'une grande aide. Pensez aussi à demander à la préfecture ou à l'hôpital.

Lorsque des parents perdent un enfant en bas âge, ils envisagent assez rapidement l'idée d'une nouvelle grossesse. Si cela est votre cas, ne vous précipitez pas et donnez-vous le temps de faire le deuil de votre enfant. Ne concevez pas un enfant « de substitution », car cela serait de mauvais augure pour son futur équilibre psychologique. Bien sûr, concevoir un autre enfant très rapidement après le décès permet de fuir la souffrance et de continuer à vivre « comme si rien ne s'était passé ». Mais l'indispensable travail de deuil et la souffrance qui l'accompagne ne sont pas annulés pour autant : ils ne sont que repoussés.

Lorsqu'il sera enfin temps de redonner la vie, ne donnez surtout pas à votre enfant le prénom d'un frère ou d'une sœur mort(e) quelques années plus tôt. Vous vous condamneriez à associer en permanence votre enfant à l'image du petit mort, ce qui serait tout aussi néfaste pour vous que pour le développement psychologique de votre enfant.

Perdre un enfant expose, plus qu'aucun autre deuil, à d'importantes « pertes secondaires », c'est-à-dire toutes les situations, les activités et les étapes de la vie que l'enfant aurait pu avoir s'il avait vécu et auxquelles vous devez renoncer (vie quotidienne, anniversaires, vacances, réussites scolaires et universitaires, carrière, mariage, petits-enfants...).

On peut aussi perdre un enfant devenu adulte, marié et père de famille. Le deuil touche alors de nombreuses personnes, en plus des parents qui peuvent avoir le sentiment d'être « dépossédés » de leur douleur. Des conflits peuvent naître quant aux choix des obsèques, au devenir des objets du défunt et à leur répartition… Les parents qui perdent un enfant adulte perdent souvent en même temps un soutien, psychologique, physique ou même financier. Les sentiments d'abandon et de solitude peuvent être alors particulièrement forts.

La perte d'un enfant touche aussi les grands-parents qui peuvent se sentir coupables d'être encore en vie alors qu'un enfant vient de disparaître avant même d'avoir eu le temps de profiter de la sienne.

Il est difficile aux parents de se soutenir mutuellement puisqu'ils souffrent tous les deux. Et le soutien social, amical risque de se faire rare, car la perte d'un enfant active chez les autres parents une telle peur qu'ils préfèrent souvent fuir. Le deuil d'un enfant justifie que le couple accepte de se faire aider, soit par un psychothérapeute, soit par une association. Ne restez pas seuls face à votre souffrance.

Comprendre : Face à l'absence de mot pour désigner un parent en deuil d'un enfant, certains ont fabriqué le mot « désenfanté ».

Mon conseil : Parlez avec votre conjoint et acceptez sa propre manière de vivre son deuil, forcément différente de la vôtre.

Idée fausse : Pour oublier ce drame, il est préférable de faire un autre enfant le plus rapidement possible.

Mon conjoint ne réagit pas comme moi face à la mort de notre enfant : est-ce normal ?

Face au deuil d'un enfant, le père et la mère auront des réactions de deuil souvent très différentes.

Le processus de deuil est déjà propre à chacun (voir aussi « Le deuil est-il le même pour tout le monde ? »). Personne ne vit le même deuil. De plus, l'homme et la femme ont des réactions différentes. Les descriptions qui suivent sont inévitablement schématiques, mais permettent de mieux comprendre ce qui les différencie.

Bien souvent, l'homme n'a jamais appris à parler de lui. Déjà petit, il prend l'habitude de jouer avec des voitures ou à la guerre, et de peu parler. Devenu adulte, il s'investit essentiellement dans son travail et ses loisirs. Confronté à la perte d'un enfant, après avoir essayé de comprendre ce qui s'est passé, il s'enferme fréquemment dans un silence douloureux pour la mère. Il préfère ne pas en parler. Son travail à l'extérieur l'aide à ne pas ruminer tout le temps. Pour lutter contre sa souffrance morale, il se réfugie encore plus dans son travail. Il est beaucoup plus réticent à accepter une démarche d'aide auprès d'un thérapeute, et préfère s'automédiquer avec l'anxiolytique le plus facile à se procurer : l'alcool.

La femme apprend très tôt à parler. Petite fille, elle joue à la poupée et parle beaucoup avec ses copines. Elle apprend à faire des confidences. Adulte, la femme a généralement plus tendance à se définir comme épouse et comme mère. Et si elle ne travaille pas ou se trouve en congé parental, elle est sans cesse confrontée à un environnement douloureux qui lui rappelle sa souffrance. Si l'enfant est mort-né ou décédé peu après l'accouchement, elle risque de se culpabiliser et de remettre en question sa capacité à donner naissance à un enfant viable et en bonne santé. Mais elle a besoin de se tourner vers ses amies pour parler. Faire les courses lui permet même de parler aux commerçants, de leur apprendre le malheur qui la touche, d'exprimer ce qu'elle ressent, d'être reconnue par les autres comme une personne en deuil. Tout cela l'aide à construire un récit de ce qu'elle est en train de vivre, de la perte qu'elle doit affronter.

Face à la mort d'un enfant, le deuil d'une mère au foyer risque d'être encore plus difficile que celui d'une mère ayant un emploi. L'image que la femme peut avoir d'elle-même la protège plus si elle a un travail. Si elle ne travaille pas, en effet, son image est particulièrement vulnérable, car elle se superpose presque exclusivement à son rôle de mère. Face à la souffrance, la femme a plus volontiers recours aux médicaments tranquillisants. Cela s'explique par sa plus grande facilité à consulter un médecin ou un psychiatre que l'homme. Elle reconnaît sa vulnérabilité et ressent le besoin de parler de ses émotions.

Malgré toutes ces différences, il est souhaitable que les parents se parlent, s'écoutent et acceptent leurs particularités dans leur manière de vivre leur deuil, sans qu'ils se sentent blessés, anormaux, rejetés ou coupables.

Ils ont intérêt à se faire aider par une association ou un groupe de paroles où ils pourront échanger avec d'autres parents vivant le même drame.

Comprendre : L'homme et la femme ont généralement des façons différentes d'affronter la mort de leur enfant.

Mon conseil : Faites appel à un thérapeute ou à un groupe de paroles pour échanger avec d'autres parents en deuil.

Idée fausse : Dans un couple, les deux parents doivent ressentir les mêmes émotions aux mêmes moments.

VOTRE PROCHE S'EST SUICIDÉ

Connaître et dire la vérité

Le suicide d'une personne proche est sans doute l'une des situations les plus traumatisantes qu'un être humain puisse vivre.

La première question qui surgit dans notre esprit est : pourquoi ? Nous ressentons toujours le besoin de comprendre la raison d'un tel geste, peut-être pour faire taire en nous la terrible idée que nous pourrions y être pour quelque chose. Parfois, nous pensons pouvoir l'expliquer, au moins en partie, par une situation douloureuse ou pénible, comme une dépression connue, une maladie vécue comme dégradante ou incurable, une rupture sentimentale ou un vieillissement mal accepté. Cette explication superficielle nous apaise un peu. Mais, souvent, nous ne comprenons pas. Dans la plupart des cas, notre proche n'a rien laissé pour expliquer son geste, et, même si une lettre est retrouvée, elle ne contient pas toujours l'explication tant attendue. Cela est normal, car la personne elle-même n'est pas toujours consciente des raisons profondes de sa décision. En effet, on se suicide rarement à la suite d'un véritable choix, mais poussé par une force à laquelle on ne peut résister : pour échapper à une impuissance, à un désespoir et à une souffrance morale qui sont ressentis comme s'ils n'allaient jamais finir. Et à ce moment, faire taire cette souffrance est la seule chose qui compte.

Tenter de comprendre les raisons de ce suicide est une étape normale, qui permet aux proches de se protéger temporairement de la souffrance des autres émotions (tristesse, colère, culpabilité…), et de conserver inconsciemment un lien avec leur proche. Cette phase peut prendre beaucoup de temps, ce qui explique en partie la durée plus longue de ce deuil.

Certaines familles vont choisir de cacher la cause réelle de la mort, parfois même à leur propre entourage (voir aussi « Faut-il cacher la cause réelle de la mort ? »). Parce que le suicide est, malheureusement encore pour certains, quelque chose de tabou. Il est alors vécu comme une honte sociale laissant planer un doute sur la santé mentale de la famille tout entière, ce qui est évidemment absurde. Cette honte est peut-être le reliquat lié à la position de l'Église qui, pendant longtemps, a refusé des obsèques religieuses aux personnes suicidées. Heureusement, ce n'est plus le cas depuis 1963. À cette honte s'ajoute la crainte que les gens se posent des questions sur le fonctionnement familial et sur les responsabilités de chacun. Je rappelle que la meilleure chose à faire est de toujours dire la vérité, même aux enfants, car le mensonge entraînera des conséquences désastreuses sur la santé psychologique de tous, et même des descendants qui, pourtant, ignoreront tout, du moins consciemment.

Comprendre : Le deuil lié à un suicide est souvent plus long, car on cherche longtemps, souvent en vain, à en comprendre les raisons.

Mon conseil : Dans la mesure du possible, ne dissimulez pas la vérité et surtout pas aux enfants.

Idée fausse : Le suicide est honteux, et il vaut mieux le cacher.

Des émotions très douloureuses

Apprendre le suicide d'un proche nous submerge de nombreuses émotions : tristesse, incompréhension, culpabilité, colère, honte... Je peux être en colère contre le défunt, car son geste violent me blesse profondément et parce que je me sens abandonné par lui. Je peux aussi lui en vouloir de ne pas m'avoir laissé la possibilité de l'aider. Et je peux avoir de la rancœur contre une personne de l'entourage que je tiens pour responsable. Vous comprenez pourquoi un suicide peut parfois entraîner des conséquences familiales désastreuses. Mais l'émotion la plus fréquente est la culpabilité qui est quasiment toujours présente dans l'entourage, et particulièrement dévastatrice chez les parents dont un enfant se suicide. D'une manière générale, elle est d'autant plus forte que la relation avec le défunt était difficile, tendue et conflictuelle (voir aussi « Je me sens coupable »). Je peux me sentir coupable de ne rien avoir vu, de ne pas avoir compris la gravité de son état dépressif, de ne pas l'avoir assez soutenu. Je peux me culpabiliser de me sentir soulagé de ce suicide s'il survient après de nombreuses années de souffrances et de tentatives de suicide. Je me sens aussi coupable d'être en colère contre lui. Mais même si personne n'est responsable du suicide d'un proche, le sentiment de culpabilité pourrait être paradoxalement une protection pour ne pas sombrer dans un monde devenu totalement incohérent et dénué de sens. Nous sentir en partie responsable nous aide en effet à reprendre un peu de contrôle et de maîtrise face à un acte qui nous confronte à l'impuissance totale et à l'absurdité d'un monde devenu imprévisible.

Le suicide d'un proche est, la plupart du temps, vécu comme un traumatisme. Certaines images traumatisantes (qu'elles soient liées au fait d'avoir découvert le corps. ou seulement entendu le récit de la découverte) risquent de revenir sans cesse dans la journée et dans des cauchemars. Ce traumatisme peut provoquer un syndrome de stress post-traumatique qui devra absolument être soigné pour que la personne puisse s'engager dans le travail de deuil. L'EMDR (Eye Movement Desensitization and Reprocessing, voir « L'EMDR ») est une bonne thérapie pour cela. Attention de ne pas fuir vos émotions, ni de vous réfugier dans le silence : ces attitudes, si elles sont permanentes, risquent d'être néfastes pour votre deuil.

Après un suicide, le travail de deuil doit nous amener à la seule solution possible : accepter de ne pas avoir de réponse et de ne pas comprendre, accepter que notre proche ait pu avoir ses raisons de se suicider, raisons que nous ne pourrons jamais totalement connaître. Comment le comprendre, puisque nous ne sommes pas à sa place ? Nous devons accepter notre impuissance et nos limites. Nous devons accepter toutes nos émotions douloureuses, notamment la colère, et réussir à lui pardonner le mal qu'il nous a fait en se suicidant.

Tout deuil passe généralement par une phase que nous appelons « identification au défunt ». Ce processus normal consiste à « emprunter » à la personne disparue, pendant quelque temps, certains traits de son caractère, un centre d'intérêt, une habitude, une manière de parler ou de s'habiller, un tic, etc. : en lui ressemblant, nous restons plus longtemps en contact avec elle. Mais lors d'un suicide, la colère et le ressentiment que nous pouvons ressentir envers la personne décédée peuvent empêcher cette identification normale. Elle ne pourra se mettre en place que lorsque nous parviendrons à dépasser ces émotions négatives, éventuellement à lui pardonner. Pour toutes ces raisons, le travail de deuil risque d'être plus compliqué, plus long et nécessite souvent une aide extérieure.

Nous savons que les morts violentes et non anticipées entraînent des réactions de deuil plus fortes que les autres causes de décès. On a cru longtemps que parmi toutes les causes de décès violentes (suicide, homicide, accident), c'était le suicide qui était la plus traumatisante. Cette croyance est remise en question. Certaines études montrent, par exemple, que les parents d'enfants suicidés acceptent mieux le décès de leur enfant que les parents d'enfants morts par homicide ou par accident de la route, et qu'ils n'ont pas plus d'idées suicidaires. En revanche, les parents d'enfants tués par homicide ont plus de risque de développer des complications (syndrome de stress post-traumatique).

Le suicide d'un parent représente pour un enfant une situation dangereuse pour son équilibre psychologique et son développement. L'enfant a souvent tendance à se croire responsable de ce qui arrive, d'autant qu'il a pu souhaiter la mort de son parent lors d'un moment de colère ou de jalousie. Or, l'enfant jeune croit que penser à quelque chose peut le provoquer. Il est important de lui dire qu'il n'y est pour rien, de surveiller son évolution, de bien l'entourer et de le faire aider par un thérapeute.

D'autres personnes doivent être aussi particulièrement surveillées après le suicide d'un proche, surtout pendant la première semaine du deuil, car elles ont plus de risques de rejoindre le défunt en se suicidant à leur tour : les adolescents et les personnes âgées, les personnes qui sont seules et sans soutien, et celles qui souffrent de troubles psychologiques ou de maladies physiques.

Comprendre : Le suicide d'un proche est souvent traumatisant, source de culpabilité, d'incompréhension et de colère, ce qui rend le processus de deuil plus difficile et plus long.

Mon conseil : Une aide par un thérapeute est souvent nécessaire pour avancer dans le travail de deuil lié au suicide d'un proche, surtout pour ses enfants et pour la personne qui a découvert le corps, car ils risquent de souffrir d'un syndrome de stress post-traumatique.

Idée fausse : Il est préférable de taire toutes mes émotions douloureuses.

PRENDRE SOIN DE VOUS

Comment savoir si j'ai besoin d'une aide extérieure ?

La plupart des deuils sont vécus comme des réactions douloureuses mais normales à la perte d'un être aimé. Les symptômes, même s'ils ressemblent à ceux de la dépression majeure, sont ressentis comme normaux dans cette situation. Dans la majorité des cas, les endeuillés n'ont pas besoin d'une aide extérieure, seulement du soutien de leurs proches. Le réconfort, la présence, l'empathie, le soutien et la compassion sont les principaux ingrédients pour montrer à l'endeuillé que sa souffrance est prise en compte. En effet, le deuil n'est pas une maladie, et il n'est pas justifié de proposer une aide thérapeutique systématique à chaque personne en deuil.

Toutefois, certaines situations ou certaines souffrances rendent une aide extérieure nécessaire.

L'insomnie dans les premiers jours du deuil peut être tellement difficile à supporter qu'une aide médicamenteuse (un tranquillisant ou un somnifère) peut être nécessaire, mais pour une durée courte, de quelques jours.

Alors que certains préféreront souffrir en silence, vous pouvez ressentir le besoin de consulter un psychothérapeute, un psychologue ou un psychiatre simplement pour pouvoir parler librement à un professionnel qui saura vous écouter sans vous juger, et à qui vous pourrez exprimer toutes les émotions et tous les sentiments qui vous font souffrir. Parler peut aussi vous aider à trouver un sens à cette mort. L'histoire familiale contient parfois des secrets que le deuil réactive et dont vous sentez le besoin irrépressible de parler.

Un deuil peut aussi réactiver d'autres deuils passés mais non résolus et qui resurgissent avec toute leur souffrance.

Lorsqu'il s'agit d'un suicide, a fortiori si c'est vous qui avez découvert le corps, ces situations traumatisantes peuvent se compliquer de ce qu'on appelle un « syndrome de stress post-traumatique » particulièrement douloureux. Il se manifeste par de l'angoisse, des images pénibles surgissant en pleine journée sans qu'on le veuille (on les appelle des flashback) et en pleine nuit provoquant des cauchemars, et une sensibilité exacerbée qui se traduit entre autres par des sursauts. Consultez un psychiatre, un psychothérapeute ou un psychologue pour vous aider à cicatriser de ces traumatismes.

Lorsque les idées suicidaires sont trop fortes, ou que le deuil se complique dans les mois qui suivent le décès (voir aussi « Les complications du deuil »), il est nécessaire de consulter un psychiatre.

Une aide extérieure peut aussi être nécessaire si vous affrontez la mort inexpliquée d'un nourrisson, que vous en soyez les parents ou une personne ayant été amenée à vous en occuper. Demandez à voir les médecins qui vous donneront toutes les explications disponibles et vous aideront à vous déculpabiliser. Si vous êtes les parents de cet enfant, faites-vous aider par une association de parents ayant vécu le même drame (voir « Associations » en annexe).

Dans toutes ces démarches d'aide, il est préférable de ne pas forcer les personnes qui ne veulent pas, ou qui pensent ne pas en avoir besoin, à suivre une thérapie ou à réfléchir sur le sens de la vie et de la mort. Les y contraindre rendrait au mieux les effets de la thérapie nuls, et au pire néfastes. Deux conditions seront donc nécessaires pour envisager utilement une aide extérieure : avoir conscience d'une difficulté persistante et avoir envie de changer. Bien entendu, on ne tiendra pas compte de l'avis de la personne en cas d'urgence, notamment suicidaire, et lorsque le deuil évolue vers une complication : un avis psychiatrique et alors indispensable.

Comprendre : La plupart du temps, le deuil ne nécessite aucune aide médicale ou psychologique. La présence, entre autres, d'un syndrome de stress post-traumatique ou la persistance d'idées suicidaires rendent nécessaire une aide spécialisée.

Mon conseil : Si vous vous sentez mal et que vous ne savez pas si ce mal-être est normal, demandez conseil à votre médecin.

Idée fausse : Quel que soit mon état, je dois être capable de m'en sortir tout seul.

Comment prendre soin de moi

Vivre un deuil est une épreuve que nous traversons habituellement plusieurs fois dans notre vie. Lorsque le travail de deuil se déroule normalement, ce qui est généralement le cas, nous n'avons besoin que du soutien et de l'amour de nos proches pour nous aider dans ce processus d'acceptation et de cicatrisation. Certains conseils très pratiques peuvent y contribuer.

La souffrance du début du deuil nous épuise. Le manque de sommeil lié à l'insomnie, la perte d'appétit et les pleurs parfois irrépressibles contribuent à notre fatigue. Il est nécessaire de pouvoir reprendre des forces. Autorisez-vous quelques instants de repos, dans la journée, même si vous ne dormez pas. Si vous avez besoin d'un somnifère pendant quelques nuits, consultez votre médecin et demandez-lui un arrêt de travail si vous êtes trop épuisé.

Autant que possible, conservez une bonne hygiène de vie. Continuez à vous coucher et à vous lever à la même heure, prenez vos trois repas par jour en vous faisant aider si cela est nécessaire, marchez, n'abusez pas d'alcool ni de café, ne consommez pas de drogues et ne prenez pas de risque (vitesse excessive en voiture par exemple).

Si vous êtes traité pour certaines maladies, continuez à prendre vos médicaments régulièrement, et consultez votre médecin pour vous assurer que votre souffrance liée au deuil ne risque pas de déstabiliser votre état de santé (par exemple si vous avez une maladie cardio-vasculaire ou un diabète).

Autant il est souvent utile de se confronter aux émotions douloureuses, de les ressentir et de les exprimer, autant il est aussi indispensable de continuer à vivre, se distraire, s'évader dans de nouvelles activités, sans se culpabiliser. Offrez-vous plusieurs « plaisirs » quotidiens, et gardez cette habitude. Vivre des événements positifs est possible et nécessaire. La majorité des personnes en deuil reconnaissent avoir été aidées dans leur journée par un événement positif. Faites-en autant.

Évitez de vous investir dans des relations affectives trop rapidement, et ne prenez pas de décisions importantes sans être conseillé par une personne de confiance.

Soyez capables de remettre en question les idées toutes faites sur le deuil et de ne pas toujours suivre les mauvais conseils que certains de vos proches pourraient vous donner.

Comprendre : Vivre un deuil rend nécessaire de se confronter aux émotions douloureuses, mais aussi de vivre des moments agréables et positifs.

Mon conseil : Gardez une bonne hygiène de vie (attention aux médicaments et à l'alcool) et continuez à prendre vos traitements habituels.

Idée fausse : Il est préférable de s'oublier complètement.

Exprimer ce que je ressens

Dans tout travail de deuil, on nous conseille d'exprimer nos émotions. Pour quelles raisons est-ce si important et comment s'y prendre ?

Tous les moyens sont bons pour extérioriser ou partager nos émotions. Ce qui vient en premier, ce sont souvent les mots. Mettre en mots nos émotions a en effet plusieurs vertus. Cela nous permet d'abord de les communiquer à autrui : en les verbalisant, nous construisons une histoire, un récit structuré et chronologique, dont l'effet bénéfique sur la santé a été démontré. Parler de nos émotions introduit également un peu de distance entre elles et nous, ce qui amortit leur intensité douloureuse. Enfin, cela nous permet de les mentaliser, de nous les représenter, nous aidant ainsi à ne pas les exprimer de manière trop impulsive, incontrôlée.

On peut parler avec un ami bien entendu, mais aussi avec notre médecin traitant ou le représentant d'une religion. Et si l'on est incapable, seul ou avec notre entourage, d'exprimer nos pensées et nos émotions de manière cohérente, il est préférable de nous faire aider par un professionnel, qu'il soit psychologue, psychothérapeute ou psychiatre.

Notre douleur nous donne souvent envie de raconter les derniers instants vécus avec la personne qui vient de mourir, que ce soient les dernières heures, les derniers jours ou les derniers mois. Comme si nous ressentions le besoin de revisiter encore et encore tous les détails de ces derniers moments. Répéter ce qui s'est passé nous rassure : nous n'oublierons jamais. Il a en effet été démontré que mettre en mots nos émotions facilitait la mise en mémoire de l'événement. Car même si ces instants ont été très douloureux, pour rien au monde nous ne voudrions les oublier. De plus, répéter tout ce qui s'est passé nous aide à mieux intégrer la réalité de la perte.

Et ne soyez pas surpris si vous ressentez le besoin d'en parler encore, même des années plus tard : cela est tout à fait normal.

Mais les mots seuls sont souvent insuffisants, car ils restent sous le contrôle de notre cerveau rationnel et logique. Or, il est nécessaire que notre cerveau émotionnel s'exprime ; qu'il soit dans l'incapacité de le faire naturellement ou que nous le bloquions volontairement entraîne des conséquences néfastes pour notre santé, tant psychique que physique.

Nous pouvons exprimer nos émotions de plusieurs manières : par des larmes (et on peut commencer par pleurer seul dans sa chambre), des cris de rage ou de désespoir qu'on s'autorisera à pousser au bord de la mer ou dans un bois, ou de la colère qu'on peut laisser sortir de soi en tapant de toutes ses forces dans un coussin. Le corps est un bon moyen pour exprimer nos émotions.

Écrire à plusieurs reprises dans un journal intime tout ce qu'on ressent, sans se censurer, est souvent très utile et bénéfique, aussi bien pour notre santé mentale que physique. Mais il semble que l'écriture n'aide pas tout le monde de la même manière.

Pour certains, il sera plus facile ou plus bénéfique d'exprimer ses émotions à travers une activité artistique.

Quel que soit le moyen qui nous semble le plus adapté à nos besoins et à notre personnalité, l'acceptation de la perte nous amène à nous confronter, volontairement, à la douleur, et à en explorer toutes les facettes.

Le but est de prendre conscience de chacune de nos émotions et de les exprimer les unes après les autres. Cette manière de faire nous évite d'être

submergés par un trop-plein émotionnel. Il s'agit d'être conscients de nos sentiments tout en les manifestant, en restant attentifs aux images qui viennent, aux sensations corporelles qui émergent et aux pensées qui traversent notre esprit. Cette manière d'aborder les émotions s'apparente aux exercices de pleine conscience, qui consiste à être conscient de tout ce que l'on perçoit et de tout ce que l'on ressent, instant après instant, mais sans jugement. Nous restons ainsi observateurs, spectateurs de ce qui surgit dans notre esprit et dans notre corps, mais sans chercher à changer quoi que ce soit. Il ne s'agit pas de ruminer passivement notre souffrance. Nous devons avoir un rôle actif dans cette expression émotionnelle.

Progressivement, l'intensité de nos émotions douloureuses diminue. Mais le faire une seule fois ne suffit pas. Il faut accepter de recommencer encore et encore ce travail de libération émotionnelle, pendant des mois, jusqu'à ce que notre douleur s'estompe.

Comprendre : Le travail de deuil passe par l'expression de nos émotions douloureuses. Que ce soit par la parole, l'écriture, le corps ou une activité artistique.

Mon conseil : Trouvez le moyen qui vous convient le mieux pour exprimer vos émotions quelles qu'elles soient : tristesse, colère, culpabilité...

Idée fausse : Ça ne sert à rien de montrer ma souffrance, il vaut mieux la refouler.

Est-ce que participer à un groupe de parole pourrait m'aider ?

La souffrance du deuil nous pousse souvent à nous isoler, à nous murer dans le silence. Et, en même temps, nous avons tellement besoin des autres.

Participer à un groupe de parole ou à un groupe d'entraide (tout comme les groupes d'alcooliques anonymes ou les groupes d'affirmation de soi) nous permet de sortir de notre solitude et de bénéficier de l'aide de personnes vivant une situation proche de la nôtre.

Les groupes de parole commencent à apparaître en France, alors qu'ils sont très répandus dans les pays anglo-saxons. Chaque groupe se réunit une fois par semaine pendant trois à quatre heures, et sur une durée d'environ trois mois. Il est composé de personnes en deuil, mais à des moments différents de leur évolution. Chacun passe ainsi d'une position où il reçoit de l'aide à une position où il en apporte aux autres. Le groupe comprend parfois des personnes confrontées au même type de deuil (parents ayant perdu un enfant, personnes ayant perdu un proche par suicide, enfants ayant perdu un parent), mais pas toujours. Chaque participant y est libre de parler ou non de ce qu'il vit et ressent, de ses problèmes.

Participer à un groupe de parole nous permet d'être avec des gens partageant la même souffrance et de les écouter décrire tout ce qu'elles ressentent. Ce miroir nous aide à comprendre que nos réactions et nos émotions sont normales et partagées. C'est une bonne manière de lutter contre la honte ou la culpabilité. Nous prenons aussi conscience que certaines réactions sont individuelles, et que nous avons aussi le droit d'avoir nos propres réactions sans être jugés ni rejetés, sans être considérés comme étant anormaux. Partager nos souffrances personnelles en public fait du bien. Nous avons ainsi le sentiment d'appartenir à une communauté, ce qui est très important pour lutter contre notre solitude. Le groupe nous permet de nous resocialiser. Être témoin de la progression des autres nous aide enfin à retrouver l'espoir d'aller mieux un jour.

Pour connaître les coordonnées des groupes de parole dans votre ville, adressez-vous aux services de psychiatrie hospitaliers, aux unités de soins palliatifs, aux caisses d'allocations familiales ou aux mairies.

Cherchez aussi sur Internet les associations dédiées aux personnes en deuil. Vous trouverez en annexe les coordonnées de plusieurs d'entre elles. Vous pourrez y lire et écouter des témoignages d'autres personnes en deuil. Vous y trouverez des informations sur les démarches administratives. Internet vous permettra également d'échanger sur des forums ou des blogs avec d'autres personnes endeuillées.

Comprendre : Il est normal et souvent bénéfique de partager notre douleur avec des personnes confrontées à la même souffrance.

Mon conseil : Assumez votre besoin de partager votre souffrance et trouvez un groupe de parole qui sera un soutien important.

Idée fausse : Parler à des étrangers ne sert à rien, mieux vaut rester muré dans mon silence.

Les thérapies

Si vous avez besoin d'une thérapie pour vous aider dans votre travail de deuil, vers quelle thérapie et vers quel thérapeute vous tourner ? Faut-il simplement consulter votre généraliste, ou voir un psychiatre, un psychologue ou un psychothérapeute (je désignerai ces trois professionnels par le terme « psys ») ?

Consulter votre médecin généraliste représente probablement la première étape à suivre. Parlez-lui de votre souffrance, de vos difficultés et de votre désir éventuel de voir un spécialiste. Il vous aiguillera et vous prescrira, si vous en avez vraiment besoin, un traitement tranquillisant ou un somnifère pour quelques jours. Il veillera aussi à limiter les conséquences néfastes de votre deuil sur votre santé physique si vous souffrez de certaines maladies (maladies cardio-vasculaires, diabète, cancers, maladies auto- immunes…).

Voir un psychiatre sera indispensable dans certaines circonstances (voir aussi « Les complications du deuil »), notamment si vous souffrez d'une dépression « maladie », si vous avez des idées suicidaires persistantes, si vous avez déjà souffert de troubles psychiatriques (dépression, anxiété, toxicomanie, syndrome de stress post-traumatique), ou si votre proche s'est suicidé. Un traitement médicamenteux, notamment antidépresseur, mais aussi tranquillisant ou somnifère pourra, selon les cas, vous aider.

La décision de consulter un « psy » sera justifiée si vous avez besoin de parler de vous, de la personne disparue, de tenter de trouver une signification à cette mort, si ce deuil réactive des deuils passés non cicatrisés ou votre angoisse de la mort, si la colère ou la culpabilité persistent et vous gâchent la vie, si des secrets de famille surgissent à l'occasion de ce deuil, ou si la personne qui est morte vous a fait du mal (abus sexuels de l'enfance par exemple).

Vous aurez peut-être besoin d'un « psy » pour vous aider, si vous êtes bloqué, à réaliser une ou plusieurs des quatre tâches du deuil (voir aussi « Une nouvelle conception du deuil : les tâches du deuil »), c'est-à-dire : réévaluer la nouvelle situation et l'accepter, la ressentir émotionnellement, vous y adapter en trouvant des solutions pour régler les problèmes quotidiens, et la vivre socialement en acceptant votre nouvelle identité.

La psychothérapie sera différente non seulement selon les objectifs mais aussi selon les outils thérapeutiques dont disposent les thérapeutes que vous consulterez. Mais quelle que soit la thérapie employée, il ne sera pas question de chercher à éliminer la douleur, car celle-ci est nécessaire et utile dans le travail de deuil.

Les objectifs principaux seront de permettre à la personne en deuil de sortir des cercles vicieux et des blocages qui entretiennent sa souffrance, de prendre conscience et d'accepter toutes ses émotions négatives et souvent contraires, c'est-à-dire ambivalentes, de l'encourager à affronter les changements inévitables, et de l'amener à retrouver son libre arbitre et toute sa capacité d'autonomie et d'indépendance. Les thérapies ne suppriment pas le deuil, mais aident les endeuillés à avancer.

Certains psys utiliseront, par exemple, les thérapies cognitivo-comportementales pour aider la personne en deuil à prendre conscience de ses pensées négatives irrationnelles (comme la culpabilité) pour les remplacer par des pensées plus rationnelles et plus objectives, ou à développer des solutions concrètes face à des situations difficiles pour elle (aller sur la tombe du défunt, développer de nouvelles compétences pour faire face à la vie quotidienne, nouer de nouvelles relations sociales...).

D'autres utiliseront certaines thérapies comme l'EMDR (Eye Movement Desensitization and Reprocessing), ou l'hypnose pour relancer un deuil bloqué, terminer un deuil chronique ou soigner les conséquences traumatiques du décès (le stress post-traumatique par exemple) et reprendre une vie normale. L'EMDR peut aussi faciliter le développement normal du deuil ou aider la personne en deuil à se confronter à un aspect précis de celui-ci : par exemple certaines images pénibles des derniers jours de leur proche à l'hôpital, une culpabilité liée à une dispute juste avant sa mort brutale ou liée à la décision d'arrêter ou de limiter les soins actifs en réanimation. L'EMDR peut aider la personne en deuil à « terminer » ce qui n'avait pu l'être avec la personne décédée (lui dire adieu, lui pardonner par exemple).

Ces thérapies (et d'autres) feront aussi appel à des rituels thérapeutiques : écrire des lettres à la personne disparue, dessiner, dialoguer à l'intérieur de vous-même avec votre proche pour lui poser des questions et observer les réponses qui viennent (même si vous ne croyez pas en une vie après la vie, ce rituel peut vous aider), visualiser des moments difficiles, imaginer un endroit sécurisant, faire un geste qui symbolise un sentiment, travailler avec un objet qui représente le défunt (un bijou, un vêtement, une photo…), etc.

Comprendre : Lorsque vous avez besoin d'être aidé dans votre deuil, une psychothérapie ou un traitement médicamenteux peuvent être nécessaires. L'EMDR est particulièrement efficace pour traiter les conséquences traumatiques du deuil ou certains aspects douloureux de celui-ci.

Mon conseil : Demandez conseil à votre médecin traitant pour bien choisir votre « psy ».

Idée fausse : Aucune thérapie ne pourra m'aider. Je suis condamné à souffrir toute ma vie.

L'EMDR

J'ai choisi de vous apporter quelques explications sur la psychothérapie que je considère la plus efficace pour traiter les différents traumatismes. L'EMDR (Eye Movement Desensitization and Reprocessing) a été élaborée par une psychologue américaine, Francine Shapiro, à la fin des années 1980. En français, ce sigle signifie : « Désensibilisation et retraitement par les mouvements oculaires ». La compréhension de ses mécanismes d'action et la pratique de l'EMDR ont évolué, et cette thérapie est appelée maintenant « Intégration neuro-émotionnelle par le traitement adaptatif de l'information ». L'efficacité impressionnante de l'EMDR, démontrée par de nombreuses études à travers le monde, a permis sa reconnaissance par les plus hautes instances de la santé comme l'une des deux thérapies les plus efficaces pour traiter le syndrome de stress post-traumatique provoqué par des événements traumatisants, notamment les accidents, agressions, viols, abus sexuels, catastrophes naturelles, guerres, deuils compliqués, etc. L'EMDR est également efficace pour traiter les traumatismes apparemment moins importants tels les humiliations subies dans l'enfance, les harcèlements vécus au travail ou les nombreuses situations très douloureuses de la vie. L'EMDR permet enfin de traiter d'autres troubles psychologiques ou neurologiques : dépressions, anxiété, phobies, douleurs des membres fantômes, etc.

C'est une thérapie à part entière, structurée en huit étapes, qui postule que les événements traumatisants ne sont pas « digérés » par notre psychisme, mais restent « bloqués » sous forme de mémoire traumatique. Les images, les sons, les odeurs, les sensations sont stockés dans la mémoire sous une forme fragmentée, c'est-à-dire que tous les aspects de l'expérience traumatique ne sont pas liés les uns aux autres en un ensemble fluide et « digeste » comme cela est le cas dans un souvenir normal. Le processus naturel d'autoguérison, appelé « traitement adaptatif de l'information », qui permet d'intégrer nos souvenirs dans notre mémoire et d'en tirer des enseignements utiles, s'est bloqué.

La « digestion » normale du souvenir est alors impossible, ce qui se traduit par des troubles du sommeil, des reviviscences de l'événement douloureux (dans la journée ou la nuit lors des cauchemars), des peurs intenses, des phobies avec évitement de certaines situations, pensées ou personnes, des réactions de sursaut, etc. Les huit phases de l'EMDR permettent de retraiter les souvenirs conscients et non conscients qui contribuent à la souffrance et aux difficultés actuelles. Il a été démontré que les mouvements oculaires réduisent par eux-mêmes l'intensité émotionnelle et la netteté des images douloureuses. L'EMDR aboutit à l'intégration adaptative des événements négatifs, en facilitant la réorganisation des réseaux de mémoire.

Dans cette thérapie, le praticien prend d'abord connaissance de l'histoire du patient, de ses antécédents et de la manière dont sa souffrance est apparue et a évolué. Puis vient une période de préparation plus ou moins longue pendant laquelle la personne apprend notamment à calmer ses réactions émotionnelles lorsqu'elles deviennent trop fortes.

La thérapie EMDR met l'accent sur l'information non verbale, comprenant les images, les odeurs, les goûts, les sons et les sensations corporelles associées à la souffrance émotionnelle. Le praticien demande ainsi au patient de se concentrer sur une image encore douloureuse de l'événement traumatique (par exemple l'image du défunt aux pompes funèbres), sur une pensée négative et irrationnelle sur lui-même associée à ce moment (par exemple « je suis coupable ») et sur les sensations corporelles qui accompagnent l'évocation de ce traumatisme (par exemple une oppression dans la poitrine).

Une fois cela réalisé, le patient suit des yeux les doigts du praticien que celui-ci fait passer devant son visage à une vitesse assez rapide. Pendant ces mouvements, le patient doit simplement noter ce qui lui vient à l'esprit, laisser venir ce qui vient et laisser faire ce qui se fait en lui. C'est ce que nous appelons un état de « double attention ». Le patient doit avoir « un pied dans le présent et un pied dans le passé ». Au bout de quelques dizaines de secondes, les mouvements sont arrêtés, et le patient est invité à exprimer la première chose qui lui vient à l'esprit, quelle qu'elle soit. Puis les mouvements reprennent et ainsi de suite. Cette manière de procéder permet au cerveau de faire des connexions très rapidement avec d'autres aspects du souvenir douloureux, et avec d'autres souvenirs parfois beaucoup plus anciens et qui peuvent participer à la souffrance du patient. Très rapidement, la souffrance diminue, le souvenir est perçu de manière différente et la personne se débarrasse de cette croyance négative sur elle-même, qui est alors remplacée par une pensée plus objective et plus positive (par exemple « je n'y suis pour rien »).

Il est aussi important de retraiter les situations actuelles qui réactivent la souffrance (se retrouver dans un endroit précis, entendre un certain type de voix, sentir une odeur particulière, etc.) et aider la personne à construire les ressources psychologiques qui lui permettront d'affronter les situations redoutées dans l'avenir.

Le processus de deuil normal est un processus d'autoguérison naturel. La douleur et les émotions négatives qui lui sont liées ne nécessitent généralement pas d'intervention thérapeutique. Toutefois, il arrive qu'une personne en deuil doive être aidée pour faciliter son travail de deuil normal. L'objectif n'est pas de faire disparaître la souffrance mais de permettre le bon déroulement de ce processus parfois long et douloureux qu'on appelle le deuil.

La douleur liée à la mort d'une personne aimée peut submerger notre capacité à intégrer et à digérer ce traumatisme. Certains souvenirs liés à cette mort sont alors stockés dans notre mémoire de manière anormale, ce qui peut se traduire par l'irruption d'images particulièrement douloureuses. Les souvenirs traumatiques liés au décès peuvent être nombreux : l'annonce du décès surtout s'il est brutal, inattendu, violent ou lié à un suicide, la découverte du corps, des scènes douloureuses à l'hôpital, la décision d'arrêter les appareils de réanimation, les obsèques, les sentiments d'impuissance, de vulnérabilité ou de culpabilité, etc. D'autres événements peuvent venir bloquer le processus de deuil : des traumatismes passés non résolus (d'autres deuils par exemple ou des séparations douloureuses vécues dans l'enfance), mais aussi des difficultés relationnelles avec le défunt ou parfois une dispute peu avant le décès.

Seul un bon déroulement du deuil nous permet de retrouver des souvenirs heureux partagés avec notre proche décédé et de revoir son visage apaisé et souriant. Mais quand il y a trop d'événements perturbants, ces souvenirs positifs et rassurants restent inaccessibles, et seules surgissent dans notre esprit et dans nos cauchemars des images douloureuses et très perturbantes, associées à une souffrance parfois intenable. L'accès aux souvenirs heureux est bloqué. Le processus de deuil s'est arrêté.

En retraitant ces événements, la thérapie EMDR relance le processus de deuil. Les souvenirs douloureux, stockés dans notre mémoire sous forme fragmentée, se connectent les uns aux autres et sont reliés et assimilés dans des réseaux de mémoire déjà existants. Nous poursuivons alors notre deuil d'une manière plus efficace, car les obstacles à une intégration réussie sont retraités. Au lieu d'éviter certains aspects du deuil ou de supprimer des émotions normales dans ce contexte, l'EMDR permet une progression naturelle en retraitant les facteurs qui compliquent le deuil.

L'EMDR aboutit ainsi à un véritable changement émotionnel mais également dans la manière de voir les choses. La personne en deuil découvre spontanément un sens à ce qu'elle est en train de vivre. Il est important d'insister sur le fait que l'EMDR ne provoque pas l'oubli du défunt, mais permet de retrouver des souvenirs positifs avec leur cortège émotionnel apaisant et rassurant. L'EMDR ne retire pas les émotions qui sont appropriées au deuil.

Il peut être nécessaire durant la thérapie d'apporter des informations sur le processus de deuil et la souffrance, sur son évolution et sur les moyens de mieux s'y confronter. Il est parfois indispensable de rassurer l'endeuillé qui craint, en laissant partir sa douleur, de perdre le contact avec son défunt.

Les souvenirs traumatiques ne sont pas les seuls à devoir être retraités. Les situations actuelles qui réactivent la souffrance (entendre une musique évocatrice, traverser un lieu chargé de souvenirs, par exemple) doivent l'être également, ainsi que ce que nous appelons les « deuils secondaires », qui concernent tout ce que nous ne vivrons pas ou plus du fait de la perte que nous subissons. En perdant nos parents, nous perdons le passé, en perdant notre conjoint, nous perdons le présent, et en perdant un enfant, nous perdons le futur. Enfin, il pourra être utile de développer ou de renforcer quelques ressources psychologiques pour mieux nous confronter à certaines situations futures angoissantes (se rendre sur la tombe, assister à un procès si notre proche a été assassiné ou tué par un chauffard, etc.).

Il y a peu de contre-indications à l'utilisation de l'EMDR. Dans le cas d'un deuil, l'EMDR ne doit pas être utilisé tout de suite après la mort si la personne endeuillée est encore dans la phase de déni ou dans un état de dissociation trop important, car ces états passagers sont des défenses psychologiques contre la terrible réalité perçue par l'endeuillé.

La thérapie EMDR peut être utilisée quand l'impact émotionnel de la perte commence à être ressenti et que la personne en deuil est capable de supporter les émotions douloureuses qui surgiront durant la thérapie. Il est préférable également qu'elle bénéficie d'un support familial ou social suffisant.

Vous trouverez en index le site internet de l'Association EMDR France.

POUR L'ENTOURAGE

Faut-il poser des questions à la personne en deuil ?

La mort fait peur à la plupart d'entre nous et nous retrouver face à une personne en deuil nous confronte à nos propres angoisses. Ce qui explique pourquoi beaucoup évitent cette situation et ont plutôt tendance à fuir.

Il est pourtant très important de communiquer avec la personne en deuil, et d'oser parler de la personne décédée et de ses derniers moments. Elle doit savoir qu'elle peut être accompagnée et aidée.

Communiquer avec elle, ça peut vouloir simplement dire rester à ses côtés et lui prendre la main, en silence. Rappelons-nous que la communication se fait aussi par d'autres canaux que le langage (le regard, les expressions, les gestes...), et qu'on communique aussi sans dire un mot.

Si la personne en deuil exprime ou vous fait comprendre qu'elle a besoin de parler de son proche et de ses derniers moments, posez-lui quelques questions sur ce qu'elle est en train de vivre, ce qu'elle ressent, ses émotions, ses pensées, ses croyances, ses appréhensions, ses peurs, etc.

Cela l'aidera à explorer tous les aspects de son deuil et à lui donner éventuellement un sens en fonction de ses croyances et de ses traditions.

Bien sûr, parler du défunt fait mal. Mais c'est un mal nécessaire, et il ne faut surtout pas dissuader la personne en deuil de le faire.

Comprendre : Poser des questions à une personne en deuil peut l'aider à donner un sens à cet événement traumatique, et à mieux l'intégrer.

Mon conseil : En posant des questions à une personne endeuillée, vous l'aiderez à parler du défunt, ce dont elle a besoin pour progresser dans son travail de deuil.

Idée fausse : Il ne faut pas trop parler de la personne décédée, il est préférable de passer rapidement à autre chose car la vie continue.

Que peut-on accepter de la personne en deuil ?

La personne endeuillée subit un profond bouleversement émotionnel, corporel, familial et social. Tous ses repères ont disparu, et elle commence un long travail qui va l'amener à construire une nouvelle identité.

Durant ce travail de deuil et de reconstruction, certains comportements, certaines décisions peuvent choquer son entourage. Que pouvons-nous accepter d'elle sans nous inquiéter pour son équilibre psychologique ?

La première chose est d'accepter ses émotions, qui vont de la colère à la culpabilité, en passant par la tristesse.

La colère est un processus normal de protection pour tenter de maintenir hors de soi la réalité trop douloureuse. Être en colère contre les médecins ou d'autres personnes permet de rejeter sa culpabilité sur autrui. C'est une protection.

Quant à la tristesse, qui ressemble parfois à un état dépressif, elle est bien entendu normale. L'entourage doit même encourager la personne en deuil à exprimer sa peine, à mettre en mots sa souffrance, sans chercher tout le temps à l'en éloigner pour l'attirer vers une gaieté inappropriée.

La personne en deuil, souvent les premiers jours, préfère rester seule. L'entourage doit le comprendre et respecter son besoin de solitude. Ce dernier n'est qu'une étape dans le processus.

Ne soyez pas surpris, dans les premiers jours qui suivent l'annonce de la mort, d'un apparent manque d'émotion de la part de l'endeuillé. L'absence d'expression émotionnelle (ne pas pleurer, ne rien montrer, continuer à se comporter comme si rien ne s'était produit) traduit cet état psychologique, normal dans ce contexte, que l'on appelle « sidération ». Il laisse le temps à la personne en deuil de mettre en route les processus psychologiques de protection qui lui permettront d'accepter puis d'intégrer la réalité.

Plongée dans une tempête émotionnelle, la personne en deuil est incapable de réagir normalement aux situations stressantes et habituelles de la vie quotidienne. Travailler ou s'occuper de ses enfants risque donc d'être très difficile pour elle.

Quelques semaines après les obsèques, des cauchemars, des images, des pensées et des perceptions étranges, bizarres, parfois inquiétantes peuvent surgir (voir aussi « J'ai entendu sa voix, je l'ai vu, j'ai senti sa main sur la mienne »). Rassurez la personne en deuil, et rassurez-vous également. Ce n'est qu'un cap à passer. Encouragez-la à en parler et à accepter ces manifestations troublantes.

La personne en deuil est ambivalente pour beaucoup de choses, c'est-à-dire qu'elle veut et ne veut pas en même temps quelque chose. Par exemple, elle voudrait bien évoquer ses souvenirs avec le défunt, mais elle ne le veut pas car elle a peur d'être submergée par ses angoisses et sa souffrance. Aidez-la alors à exprimer ses peurs.

Les idées de suicide sont normales au tout début d'un deuil, mais doivent disparaître au bout de quelques jours. Ne soyez donc pas surpris ni inquiet si la personne en deuil les exprime. Par contre, il convient d'être prudent si celle-ci souffrait déjà d'un trouble psychiatrique avant le décès de son proche (dépression majeure, antécédents de tentative de suicide, trouble délirant...). Le risque suicidaire doit alors être pris en considération, et il est nécessaire de demander l'avis d'un psychiatre.

La personne en deuil évolue, change, car le deuil remet en cause son identité. Amputée d'une partie d'elle-même, sa vision d'elle, des autres et du monde est déstabilisée, ses certitudes volent en éclats, et ses comportements peuvent parfois choquer tellement ils semblent inhabituels. Acceptez ces phénomènes de transition.

Quant à l'enfant, il n'exprime pas sa souffrance de la même manière qu'un adulte, ni au même moment. Il peut rester silencieux, continuer à jouer ou à regarder son film, comme s'il n'avait pas compris ce qu'on venait de lui annoncer. N'interprétez pas ces comportements comme de l'indifférence. Ils permettent simplement à l'enfant de se protéger contre une émotion trop intense.

Enfin, l'enfant en deuil peut développer, lui aussi, un état dépressif dont les manifestations seront très variables : chutes des résultats scolaires, agressivité avec ses camarades, réapparition d'une énurésie par exemple. Pensez à prévenir les maîtres ou les professeurs, car ils sont bien placés pour repérer certains changements évocateurs. Ils éviteront ainsi de le punir injustement.

Comprendre : La personne en deuil peut manifester des comportements inhabituels, parfois choquants, mais qui traduisent la plupart du temps un mécanisme de défense contre une douleur trop intense.

Mon conseil : Ne jugez pas trop vite un comportement inhabituel ou choquant. Cherchez à comprendre et renseignez-vous.

Idée fausse : Une personne en deuil doit continuer à se comporter normalement.

Ce qu'il vaut mieux ne pas faire

L'entourage concerné par la souffrance de la personne en deuil peut avoir envie de l'aider en lui apportant certains conseils.

Malheureusement, les conseils prodigués sont souvent inadaptés, voire carrément contre-productifs. L'entourage a souvent du mal à comprendre le vécu de celui qui est en deuil.

D'abord, ne cherchez pas à lui remonter le moral. Sa peine, sa tristesse parfois proche d'un état dépressif sont normales, et il est important de les respecter, et même de l'encourager à les exprimer.

Évitez à tout prix les conseils suivants : « Arrête de penser à lui tout le temps, sors te distraire, va avec tes amis, change-toi les idées… ».

Ne le dissuadez jamais de parler de la personne qui vient de mourir, même si en parler fait mal. C'est un mal nécessaire.

Ne l'infantilisez pas et ne prenez pas les décisions à sa place. Aidez-la au contraire à assumer sa nouvelle identité (elle doit se reconstruire).

S'il s'agit d'un couple qui vient de perdre un enfant, ne l'encouragez pas à entreprendre immédiatement une nouvelle grossesse. Les parents doivent d'abord faire le deuil de leur enfant décédé.

Comprendre : Il est difficile d'aider une personne qui souffre, car on ne peut pas se mettre à sa place ni ressentir ce qu'elle ressent.

Mon conseil : Ne donnez pas de conseils. Mieux vaut rester présent et silencieux que de prodiguer de mauvais conseils.

Idée fausse : Il faut toujours stimuler la personne en deuil.

Comment l'aider ?

Vous voulez venir en aide à un proche qui souffre de la disparition d'un être aimé. Déjà victime de ce premier traumatisme, il peut ressentir le silence de ses amis comme un rejet, un abandon. Comme s'il était contagieux. Cela peut être pour lui un second traumatisme. Voici quelques pistes qui vous montreront que vous pouvez être d'un grand soutien, car chacun peut aider un proche en deuil, à sa façon.

Le plus important est déjà de vous manifester. Par un coup de fil, une visite, une lettre. Même si vous ne savez pas quoi dire, que vous bafouillez quelques mots et que vous êtes gêné. Votre présence, votre intention suffiront à lui montrer qu'il n'est pas abandonné, ni pestiféré.

Dans les premières semaines, la personne en deuil a du mal à s'occuper d'elle. Vous pouvez lui apporter un repas que vous aurez confectionné chez vous, afin de ne pas lui imposer une présence que peut-être elle ne souhaite pas encore. Proposez-lui de l'aider à faire son ménage, mais respectez son refus.

Soyez simplement présent, pour l'écouter, même si elle a besoin de raconter plusieurs fois les mêmes souvenirs. Cette répétition peut la rassurer en consolidant ces souvenirs importants pour elle, afin d'être certaine de ne pas les oublier. Elle a également besoin de parler de ses peurs, ses angoisses, ou de ses regrets : bref, d'être écoutée. Encouragez-la à parler du défunt, même si cela est douloureux. Aidez-la aussi à évoquer les bons souvenirs et les émotions positives vécus avec la personne disparue : il a été démontré que cela favorisait l'évolution du deuil.

Répondez à ses questions, si vous possédez des réponses importantes sur les circonstances de la mort. Savoir favorise la cicatrisation du deuil.

Vous constaterez que la personne en deuil dit parfois des choses très dures envers elle-même, car elle peut se culpabiliser par exemple. Reformulez ce qu'elle vient de dire en des termes plus doux, moins agressifs envers elle-même. Montrez-lui et dites-lui que vous l'aimez.

Soyez très vigilant, dans vos paroles, à ne pas employer des mots ou des phrases qui pourraient accentuer le sentiment de culpabilité qui souvent perturbe déjà la personne en deuil.

Perdre une personne que l'on aime, c'est se retrouver privé de tout contact sensoriel avec elle. On ne peut plus la voir, la toucher, entendre sa voix, sentir son odeur. Votre présence physique viendra apaiser ce manque sensoriel si douloureux. N'hésitez pas à prendre la personne en deuil dans vos bras.

Aidez-la à prendre les décisions importantes. Ses difficultés de concentration et son état émotionnel risquent de lui faire faire, seule, de mauvais choix.

Plus tard, dans les années qui suivent, rendez visite à l'endeuillé lors d'une date anniversaire, ou organisez un repas avec lui. Cela lui montrera que vous n'oubliez pas la personne décédée. Parlez-lui spontanément du défunt, évoquez sa mémoire, partagez vos émotions.

Comprendre : Une personne en deuil a besoin d'aide et chacun peut lui apporter quelque chose.

Mon conseil : Au début, écoutez la personne en deuil avec empathie, sans jugement et sans chercher à donner des conseils.

Idée fausse : Nous sommes impuissants face à une personne endeuillée.

LE DEUIL D'UN ANIMAL FAMILIER

Est-il normal de souffrir de la mort d'un animal domestique ?

De nombreuses personnes croient que la mort d'un animal qui a partagé pendant dix à vingt ans la vie de ses maîtres n'est qu'un événement insignifiant, ou qu'il devrait être vécu comme tel. Elles se trompent, car la disparition d'un animal domestique plonge ses maîtres dans un profond chagrin tout à fait normal et qui doit être respecté par l'entourage. Cette expérience douloureuse est en effet vécue par de très nombreux propriétaires d'animaux.

Perdre un animal de compagnie, quel qu'il soit, enclenche le même processus de deuil qu'après la mort d'un être cher. Car les liens d'attachement que nous tissons avec notre animal peuvent être d'une grande intensité. Le manque douloureusement ressenti après sa disparition et la nécessité de nous adapter à un nouveau monde privé de sa présence rendent le deuil d'un animal que l'on aime très proche de celui d'un être humain.

Cet attachement particulièrement intense est peut-être lié au fait que nous considérons notre animal familier un peu comme un enfant. Il suffit d'observer la manière dont nous lui parlons, dont nous le tenons dans nos bras... Cet attachement est aussi associé à la conviction qu'il ressent nos émotions, que ce soit la colère ou la tristesse, et cherche à les apaiser.

Vous comprenez pourquoi l'ensemble de ce livre s'applique également au deuil de votre animal : mêmes émotions, mêmes stades à parcourir, mêmes évolutions et mêmes complications.

La seule différence entre le deuil d'un être humain et celui d'un animal qui nous a accompagnés une grande partie de notre vie réside dans la possibilité que nous avons eue de choisir le moment de sa mort. Prendre la décision de faire euthanasier un être vivant que nous aimons est un moment particulièrement éprouvant. Cette décision peut s'accompagner d'une intense culpabilité qui compliquera le processus de deuil, surtout si l'euthanasie est liée à notre incapacité à payer les soins vétérinaires.

Il ne semble pas y avoir encore en France de groupes de soutien psychologique pour les personnes en deuil de leur animal familier, comme aux États-Unis. La prise en compte de ce deuil devrait changer dans les années à venir.

Comprendre : Le processus de deuil d'un animal domestique est le même que celui d'un être humain, et la souffrance liée à sa disparition peut être aussi grande, sinon plus, que celle provoquée par la mort d'un proche.

Mon conseil : Respectez la souffrance des maîtres qui souffrent de la mort de leur compagnon à quatre pattes.

Idée fausse : C'est ridicule de souffrir de la mort d'un chat ou d'un chien !

Que faire du corps de mon animal ?

Organiser de véritables obsèques avec des rituels appropriés vous aidera dans votre travail de deuil.

Sachez qu'il existe une législation qui guidera vos choix. Des services de pompes funèbres pour animaux ont vu le jour, ainsi que des cimetières animaliers, dont le plus connu est celui d'Asnières-sur-Seine où est inhumée la dépouille de Rintintin. Ces cimetières rassemblent de véritables sépultures en marbre destinées à nos animaux disparus.

Si vous venez de perdre un animal de plus de quarante kilos décédé chez vous, vous êtes obligés par la loi de faire venir l'équarisseur qui emportera sa dépouille pour être incinérée. Si votre animal pèse moins de quarante kilos, vous avez le choix entre l'inhumation et la crémation. Il est absolument interdit de déposer votre animal dans une poubelle.

L'inhumation est possible chez vous si vous êtes propriétaire d'un jardin et à la condition de respecter plusieurs règles strictes, ou dans un cimetière animalier (Internet facilitera votre recherche). Vous n'avez pas le droit d'inhumer un animal dans un cimetière d'humains, même s'il s'agit d'un caveau familial. Vous pouvez en revanche y déposer une urne contenant les cendres de votre animal.

La solution la plus fréquente est celle de la crémation. En confiant le corps de votre animal à votre vétérinaire, il sera incinéré collectivement ou individuellement. Seule cette dernière solution vous permettra de récupérer ses cendres. Libre à vous de conserver l'urne chez vous, de la placer dans une sépulture, ou de répandre ses cendres dans votre jardin ou dans la nature.

Enfin, Internet vous permettra de déposer des photos de votre animal, accompagnées de l'évocation de quelques moments forts de sa vie, dans un cimetière « virtuel ».

Comprendre : Il existe une législation stricte, et vous n'avez pas le droit d'enterrer votre animal dans votre jardin s'il pèse plus de quarante kilos.

Mon conseil : Si vous décidez d'enterrer votre animal dans votre jardin, pensez que peut-être un jour vous déménagerez.

Idée fausse : Les cimetières pour animaux, ça n'existe pas.

Quelles sont les conséquences possibles pour le maître ?

La mort d'un animal domestique plonge souvent les maîtres dans un chagrin intense et respectable. Ils doivent non seulement s'adapter au manque d'une présence rassurante, fidèle, apaisante, mais aussi à un mode de vie souvent très différent.

Pour une personne vivant seule, son animal familier est généralement un compagnon particulièrement important. À la différence d'un être humain, pour lequel les sentiments sont très souvent ambivalents, faits d'amour et de haine, d'admiration et de reproches, l'animal domestique est aimé la plupart du temps sans réserve par son maître.

Ce compagnon rythmait le déroulement de la journée, par la préparation de ses repas, ses promenades et ses besoins, ses soins chez le vétérinaire ou le toiletteur, etc. Il obligeait son maître à rester actif, car sa vie était entre ses mains. Il est bien connu que promener son chien est un bon moyen de nouer des liens avec d'autres humains, renforçant ainsi les relations sociales et luttant contre les méfaits de la solitude. La perte de cet animal entraîne brutalement une disparition de tous ces repères quotidiens rassurants et des liens sociaux importants qu'il avait permis de créer. On peut dire sans exagérer que la perte d'un animal domestique entraîne parfois une perte d'identité.

Les conséquences pour une personne âgée et seule peuvent être dramatiques. Arrivée à un âge avancé, elle renoncera souvent à prendre un autre compagnon poilu pour ne pas l'abandonner quelques années plus tard, puisqu'elle a toutes les chances de mourir avant lui. De plus, la mort de son animal la prive du sentiment de se sentir utile pour un autre : à présent, plus personne n'a besoin d'elle. Enfin, avec l'animal qui meurt disparaît souvent le dernier témoin d'une vie conjugale avec un conjoint mort quelques années plus tôt. La tristesse et la solitude risquent alors d'évoluer vers une dépression et un syndrome de glissement qui conduiront la personne âgée et isolée à la mort.

Comprendre : Perdre leur animal domestique expose certaines personnes isolées à des conséquences psychologiques et sociales parfois graves.

Mon conseil : Observez bien toutes les conséquences que la disparition de votre animal entraîne dans votre vie quotidienne et n'hésitez pas à consulter un « psy ».

Idée fausse : Ce n'est qu'un animal, après tout !

L'enfant souffre-t-il de la disparition de son animal domestique ?

La mort d'un animal domestique est souvent le premier contact des enfants avec la mort et constitue leur premier deuil d'un être aimé.

Il permet à l'enfant d'en savoir un peu plus sur la mort et ses conséquences : il ne pourra plus jamais être avec son animal, il n'est en rien responsable de sa mort, son animal ne reviendra pas.

Il est important de dire la vérité aux enfants sur la mort de leur compagnon et de leur permettre de participer activement aux obsèques, en fonction des modalités choisies. Tout comme pour la mort d'un être humain, employez des mots clairs et ne racontez pas d'histoires.

Il est préférable, lorsque cela est possible, d'associer l'enfant ou l'adolescent à la décision d'euthanasier son animal. Ne lui mentez pas sur la réelle destination de son compagnon. Il est même conseillé qu'il puisse en parler avec le vétérinaire, qui lui donnera toutes les explications nécessaires, au moment de prendre la décision ou après l'euthanasie si, pour une raison ou une autre, il était absent au moment de faire ce choix douloureux.

Demandez à l'enfant s'il veut être présent au moment même de l'euthanasie. S'il ne le souhaite pas, proposez-lui de voir le corps mort de son animal, ce qui facilitera son deuil. Mais ne le forcez pas s'il refuse.

La mort de cet animal peut être source d'un deuil bruyant chez un enfant qui aura tissé avec lui un lien très fort, source d'amour et d'affection.

Même chez l'adolescent, la perte d'un animal domestique peut être particulièrement mal vécue. Cette disparition prive l'adolescent d'une base de sécurité que l'animal lui offrait, à un moment de son développement où la découverte du monde est parsemée de risques variés. C'était grâce à son compagnon à quatre pattes qu'il pouvait en effet satisfaire son besoin normal de « régression affective », sans courir le risque de se voir traiter de « bébé » par ses proches.

Comprendre : La mort de son animal préféré est souvent la première confrontation de l'enfant la mort.

Mon conseil : Dites la vérité aux enfants, profitez-en pour leur expliquer ce qu'est la mort et associez-les aux décisions importantes ainsi qu'aux obsèques.

Idée fausse : L'enfant est insensible au deuil.

Puis-je reprendre rapidement un autre animal ?

Le deuil d'un animal domestique peut nécessiter du temps, le plus souvent quelques mois mais parfois jusqu'à un ou deux ans. Cette durée dépend de nombreux facteurs : son âge et l'ancienneté de votre vie commune, la qualité de votre lien d'attachement, les circonstances de sa mort, le type d'obsèques retenu, etc.

Après la mort d'un enfant en bas âge, les parents se demandent souvent s'ils peuvent, sans trop attendre, concevoir un autre enfant. Le maître d'un animal décédé se pose la même question : peut-il reprendre un animal rapidement ? Pour les mêmes raisons que pour des parents en deuil, il est conseillé d'attendre. Vous avez besoin de temps pour permettre au processus de deuil de se dérouler, condition nécessaire pour tisser un lien de qualité avec un nouvel animal.

Se précipiter sur un « animal de remplacement » est une mauvaise solution pour tenter d'éviter la confrontation à la perte et la douleur du manque. Vous risquez de rejeter votre nouveau compagnon, car il ne ressemblera jamais à celui qui vient de disparaître. Ce rejet induira chez cet animal des troubles du comportement gênants (agressivité, instabilité…) et des problèmes de santé fonctionnels (troubles digestifs ou urinaires par exemple). N'ayant pas pris le temps de faire votre deuil, vous risquez également de développer des troubles psychologiques liés à un deuil bloqué.

Lorsque vous vous sentirez prêt à reprendre un nouveau compagnon, choisissez-en un suffisamment différent du précédent. Vous éviterez ainsi les comparaisons qui risquent d'être toujours favorables à votre animal décédé. Et ne donnez pas au nouveau le même nom que l'ancien !

Comprendre : Prendre un animal « de remplacement » le condamne à être malheureux ou malade.

Mon conseil : Prenez le temps de faire votre deuil avant de prendre un autre animal, et ne lui donnez pas le même nom.

Idée fausse : On doit faire le deuil d'un animal très rapidement.

Un deuil pathologique est-il possible après la mort de mon animal ?

Il arrive que certaines personnes développent un deuil pathologique à la suite du décès de leur animal. Le deuil peut rester bloqué à la phase de déni, le maître faisant comme si son animal était toujours en vie (lui préparant sa nourriture ou sa litière comme avant) ou persister de manière prolongée sans évolution vers sa résolution.

On retrouve généralement dans la vie de ces personnes des souffrances psychologiques qui expliquent l'évolution anormale de leur peine. Le deuil d'un animal peut notamment réactiver celui d'un être humain qui s'était à l'époque apparemment bien déroulé. En réalité, la personne s'était protégée d'une trop grande souffrance en enfouissant sa douleur ou en développant une carapace émotionnelle, bloquant le processus de deuil. La perte de son animal agit alors comme un révélateur de ce précédent deuil qui resurgit violemment.

Consulter un psychiatre, un psychologue ou un psychothérapeute devient indispensable pour relancer le processus de deuil qui n'avait pu être fait et permettre ainsi au deuil de l'animal de commencer.

D'autres problèmes psychologiques peuvent être en cause, liés parfois à des problèmes relationnels importants avec ses parents, qui ont empêché la création de liens d'attachement suffisamment sécurisants.

Comprendre : Le deuil d'un animal de compagnie peut réactiver le deuil d'un proche qui n'a pas été fait.

Mon conseil : Consultez un psychiatre ou un psychologue si la souffrance liée à la mort de votre animal persiste plus de dix mois.

Idée fausse : Il faut être fou pour tomber malade après la mort d'un animal.

BIBLIOGRAPHIE

ANCELIN SCHÜTZENBERGER Anne, BISSONE JEUFROY Evelyne, *Sortir du deuil. Surmonter son chagrin et réapprendre à vivre*, Paris, Payot, coll. « Petite Bibliothèque Payot », 2008.

BACQUÉ Marie-Frédérique, *Deuil et santé*, Paris, Odile Jacob, 1997.

BACQUÉ Marie-Frédérique, *Le Deuil à vivre*, Paris, Odile Jacob, 2000.

BACQUÉ Marie-Frédérique, Hanus Michel, *Le Deuil*, Paris, PUF, coll. « Que sais-je ? », 2009.

BEN SOUSSAN Patrick, GRAVILLON Isabelle, *L'Enfant face à la mort d'un proche*, Paris, Albin Michel, 2006.

DE BROCA Alain, *Deuils et endeuillés*, Paris, Masson, 2010.

FAURÉ Christophe, *Après le suicide d'un proche. Vivre le deuil et se reconstruire*, Paris, Albin Michel, 2007.

FAURÉ Christophe, *Vivre le deuil au jour le jour*, Paris, Albin Michel, 2012.

HANUS Michel, *Le deuil après suicide*, Paris, Maloine, 2004.

HANUS Michel, « Le cadavre crématisé », *Études sur la mort*, 1, no 129, 2006, p. 133-143.

KÜBLER-ROSS Elisabeth, *Accueillir la mort*, Paris, Pocket, 2002.

KÜBLER-ROSS Elisabeth, Kessler David, *Sur le chagrin et le deuil. Trouver un sens à sa peine à travers les cinq étapes du deuil*, Paris, JC Lattès, 2009.

NASIO J-D, *Le Livre de la douleur et de l'amour*, Paris, Payot, coll. « Petite Bibliothèque Payot », 2003.

PHILIPPOT Pierre, *Émotion et Psychothérapie*, Bruxelles, Mardaga, 2011.

SAUTERAUD Alain, *Vivre après ta mort. Psychologie du deuil*, Paris, Odile Jacob, 2012

ZECH Emmanuelle, *Psychologie du deuil. Impact et processus d'adaptation au décès d'un proche*, Bruxelles, Mardaga, 2006.

ASSOCIATIONS ET SITES INTERNET

Apprivoiser l'absence
Groupe d'entraide pour parents en deuil.
Rencontres pour frères et sœurs en deuil.
Antennes Ile de France, Grand Ouest, Grand Sud, Rhône Alpes
Site Internet : www.apprivoiserlabsence.com

Association Astrée
Restauration du lien social, lutte contre isolement. Siège administratif : 3, rue Duchefdelaville 75013 Paris
Tél. : 01 42 27 64 34
Site Internet : www.astree.asso.fr

Association « Christophe »
Prévention du suicide des jeunes et soutien des endeuillés par suicide.
Hôpital Sainte Marguerite Pavillon Solaris
270, boulevard Sainte Marguerite 13009 Marseille
Tél. : 04 91 81 27 60
Mail : ass.christophe@wanadoo.fr
Site Internet : www.christophe-lavieavanttout.com

Association Elisabeth-Kübler-Ross

Informer, former, soutenir toute personne confrontée à une situation de rupture, de mort ou de deuil.

10, rue Grande 36000 Châteauroux
Mail : ekr.france@free.fr
Site Internet : ekr.france.free.fr

Association EMDR France

L'association EMDR France (faisant partie de l'Association EMDR Europe) est la seule garante d'une formation reconnue, qui s'adresse aux psychiatres, psychologues, psychothérapeutes et aux psychopraticiens sous certaines conditions. Le titre de « praticien EMDR Europe », délivré par l'Association EMDR France, est un titre protégé.

9 rue Papillon 75009 Paris
Tél. : 09 63 57 44 63 et 09 63 58 44 63
Mail : info@emdr-france.org
Site Internet : www.emdr-france.org.

Association Kévin - Vivre Le Deuil

Cette association propose des groupes de parole, encadrés par une psychologue spécialisée dans le deuil.

951, rue des champs fleuris 76520 Franqueville Saint Pierre
Tél. : 02 35 80 80 98
Mail : associationkevin@yahoo.fr

Association nationale Jonathan Pierres Vivantes Accompagnement des familles en deuil d'un enfant notamment par suicide.
61 rue de la Verrerie 2e étage 75004 Paris
Tel. : 01 42 96 36 51
Mail : jonathanpierresvivantes@orange.fr
Site Internet : www.anjpv.org

Fédération des associations La Porte Ouverte
Besançon, Bordeaux, Lyon, Paris, Rouen, Toulouse Écoute et accueil.
21, rue Duperré 75009 Paris
Tel. : 01 48 78 02 35
Mail : contact@la-porte-ouverte.fr
Site Internet : www.la-porte-ouverte.fr

FAVEC (Fédération des associations de conjoints survivants)
Regroupe 94 associations. Offre un lieu d'écoute, en tête-à-tête ou en groupe pour personnes endeuillées et les oriente dans leurs démarches administratives.
28, place Saint-Georges 75009 Paris
Tél. : 01 42 85 18 30 / Fax : 01 45 96 01 06
Numéro d'écoute : numéro Vert : 0 800 005 025
Mail : info@favec.org
Site Internet : www.favec.org

Fédération Européenne Vivre son Deuil
Soutien des personnes en deuil. Formation des intervenants.
8 Ter rue André Chénier 80000 Amiens
Tel. : 06 08 27 77 61 ou 01 42 08 11 16

Mail : fevsd@vivresondeuil.asso.fr
Site Internet : www.vivresondeuil.asso.fr

Fédération SOS Suicide Phénix
Accueil et écoute de toute personne confrontée au suicide.
Écoute : 01 40 44 46 45
Mail : accueil@sos-suicide-phenix.org
Site Internet : www.sos-suicide-phenix.org

Phare Enfants Parents
Prévention du suicide des jeunes.
Accueil et écoute des endeuillés par suicide.
5, rue Guillaumot 75012 Paris
Tel : 01 43 46 00 62
Mail : cavaoupas@phare.org
Site Internet : www.phare.org

Suicide Écoute
Prévention du suicide par l'écoute et le soutien.
5, rue du Moulin Vert 75014 Paris
Tél. ligne administrative : 01 45 39 93 74
Tél. écoute 7/7 j 24/24 h : 01 45 39 40 00
Mail : contact@suicide.ecoute.fr
Site Internet : www.suicide-ecoute.fr

UNAFAM – Union nationale des amis et familles de malades psychiques.
Écoute et entraide.
12, villa Compoint 75017 Paris
Tél : 01 53 06 30 43
Site Internet : www.unafam.org

Union Nationale pour la Prévention du Suicide
190 Bvd de Charonne 75020 Paris
Tél : 01 44 93 16 95
Mail : contact@unps.fr
Site Internet : www.unps.fr

INDEX

abus sexuels, 117, 184

acceptation, 48, 77–78

accident, 12, 92, 133, 142, 169

accompagnement, 19, 46, 78, 81

acte d'enfant sans vie, 158

adaptation, 28, 52, 57, 59, 62, 79, 82, 128

alcool, 48, 71, 72, 161, 176, 177

alcoolisme, 63, 72

amaigrissement, 70, 79, 99

ambivalence, 115

anesthésie émotionnelle, 28, 103, 104, 126

angoisse, 43, 48, 86, 99, 121–22, 126, 174

animal, 131, 207, 209, 212

animal de remplacement, 210

anniversaire, 38, 41, 49, 109, 200

anorexie, 98

antidépresseur, 49, 73, 74, 81, 183

anxiété, 47, 59, 73, 74, 183, 187

argent, 114

arrêt de travail, 20, 21, 176

association, 158, 182

attachement, 75, 123, 127, 203, 210, 212

avortement, 157

bébé, 148, 209

boulimie, 98, 99

cancer, 71, 183

cardiaque, 27, 64, 99

catastrophe naturelle, 12

cauchemars, 63, 79, 137, 168, 174, 187, 190, 196

cause, 70, 86, 88, 128, 152, 169

cercueil, 12, 15, 19, 20, 93, 136, 137, 139

chambre funéraire, 11, 136

cheveux, 99

choc, 9, 27, 56, 103, 126

cicatrice, 59, 60, 82, 83, 85

cimetière, 17, 19, 52, 68, 205, 206

colère, 43, 89, 103, 167

columbarium, 17, 18, 19, 20, 68, 137

commémoration, 13, 18, 38, 83, 92

compassion, 67, 116, 173

compétences, 43, 51, 53, 54, 82, 84, 85, 151, 185

complications, 45, 54, 60–65, 79, 104, 152, 169, 174, 183, 204

conjoint, 35, 49, 52, 53, 57, 70, 84, 105, 150–55, 160, 161–63, 192, 207

contact avec le défunt, 76, 97, 132, 169, 191

corps, 11–12, 12–14, 157, 205

couple, 53, 84, 158, 160, 163, 198

crampes, 98

crémation, 14, 15, 16, 18, 19, 20, 137, 140, 205

croyances, 41, 51, 90, 98, 105, 120, 193

culpabilité, 114–16

décision, 33, 34, 177, 194, 198, 200, 210

défenses immunitaires, 71, 100

démarches administratives, 68, 108, 182

déni, 27, 107, 126

dépression, 46, 62, 72, 73, 79, 99, 105, 108, 110, 133, 149, 165, 173, 183, 196, 207

désenfanté, 157, 160

désintérêt, 47, 63, 108, 110, 111, 133

deuil absent, 61, 127

deuil anticipatoire, 55, 56, 61, 78, 127

deuil chronique, 54, 59, 185

deuil compliqué, 29, 54, 62, 63, 64, 105, 116

deuil différé, 127, 135

deuil inhibé, 61, 105

deuil terminé, 59

deuil traumatique, 62

deuils psychiatriques, 63

deuils secondaires, 191

Dieu, 46, 47, 107, 118, 119, 120

dissociation, 192

don d'organe, 24, 25

douleurs, 47, 61, 64, 70, 79, 98, 99, 103, 104, 187

doutes *Voir* Croyances

école, 68, 134, 149

écrire, 179

eczéma, 98

électrochocs, 74

EMDR, 168, 185, 186, 187, 188, 191

émotions, 28, 116, 123, 102–29, 186–92, 193, 195, 200, 201, 204

émotions absentes, 61

émotions positives, 50, 76

émoussement émotionnel, 74

empathie, 92

enfant, 131–50, 157–63, 208–10

entourage, 192–201

énurésie, 197

envies sexuelles, 100, 101

essoufflements, 70

étapes, 28, 43, 44, 45, 49, 50, 55, 56, 147, 159, 187

euthanasie, 204, 209

événements positifs, 177

évitement, 48, 104, 134, 188

faiblesse, 21, 111

fatigue, 49, 73, 79, 81, 99, 176

fausse couche, 157
femme, 24, 57, 70, 109, 144, 161, 162, 163
fêtes, 38, 41, 80, 94
fidélité, 62
films, *Voir* photo
foi, 120

grossesse, 86, 157, 159, 198
groupe d'entraide, 181
groupe de parole, 181, 182

hallucination, 98
homicide, 169
homme, 24, 57, 70, 109, 113, 144, 161, 162, 163
honte, 23, 48, 72, 103, 116, 118, 166, 167, 181
humiliations, 117, 187
humour, 148
hyperactif, 149

idées suicidaires, 113, 112–14, 122, 169
identification au défunt, 169
identité, 15, 51, 53, 84, 151, 184, 194, 196, 198, 207
illusion, 98
imagination, 98
impuissance, 86, 88, 115, 165, 168, 190
inceste, 117
indifférence, 28, 103, 148, 197
infantilisation, 148

injustice, 86, 119, 157
insensibilité, 61
insomnie, 47, 73, 173, 176
Internet, 158, 182, 205, 206
interruption médicale de grossesse, 36
irritabilité, 79, 119, 133

jardin du souvenir, 16, 17, 19, 20

lettre, 94, 185
liens, 41, 42, 75, 77, 80, 92, 101, 140, 203, 207, 212

maladie, 70, 79–81, 99, 100, 110, 117, 127, 142, 146, 165, 173, 176, 183
maladies cardio-vasculaires, 70, 152, 183
maltraitance, 117
manque, 15, 42, 80, 110, 111, 121, 144, 176, 195, 200, 203, 206, 210
marchandage, 46, 47
maux de tête, 70, 98
médicaments, 48, 73, 74, 75, 112, 162, 176, 177
mort in utero, 157
mort inattendue du nourrisson, 86
mort inexpliquée d'un nourrisson, 174
mort subite du nourrisson, 86
mort-né, 86, 161

225

nausées, 73, 98
non-dits, 22
nourrisson, 144

objets, 29, 30, 31, 35, 42, 50, 75, 76, 107, 146, 160
obsèques, 11–25, 91, 137, 166
omplications, 60
orientation vers la perte, 57
orientation vers la restauration, 58
oscillation, 53, 54, 58
oublié, 67, 83, 88
oublier, 52, 53, 54, 82, 83, 88, 121, 147, 160, 177, 178, 200

palpitations, 27, 70, 99
pardonner, 89, 90, 91, 169, 185
pensée magique, 142
pensées, 20, 57, 58, 75, 178, 180, 185, 188, 193, 196
pertes secondaires, 43, 159
peur, 11, 43, 62, 69–72, 121–22
photo, 35, 36, 37, 42, 53, 76, 97, 138, 146, 158, 206
plaisir, 79, 102, 110
pleine conscience, 180
pleurer, 35, 69, 80, 110, 111, 112, 125, 139, 145, 147, 179, 195

prénom, 159
processus de deuil, 39–65, 82, 124, 191
protection, 28, 29, 103, 126, 128, 168, 195
psoriasis, 98

réconfort, 37, 39, 120, 173
relations sexuelles, 100
repère, 10, 42, 121, 132
repli, 79, 108, 125
repos, 176
reproches, 86, 94, 207
résignation, 77
résilient, 61, 105, 128
résolution, 48, 49, 60, 212
rituel, 13, 18, 38, 91–95, 138, 186

sanctuaire, 77
secret de famille, 23
sexualité, 101, 153
sidération, 195
solitude, 38, 69, 125–26, 160, 181, 195, 207
somnifère, 72
soulagement, 114, 116, 117, 123
soutien, 9, 21, 67, 92, 160, 170, 173, 199, 204
stress, 71
stress post-traumatique, 54, 62, 168, 174, 183, 187
suicide, 23, 71, 79, 85, 142, 163–71, 174, 181, 190, 196, 215

symptômes physiques, 61, 70, 99, 100

tabac, 71, 72
tâches du deuil, 43, 49, 184
thérapie, 168, 184, 183–86
trahison, 115, 142
tranquillisant, 73, 122, 173, 183
transpiration, 70
traumatismes, 90, 91, 123, 124, 174, 186, 190
tremblements, 99

tristesse, 80, 103, 110–12, 128, 134, 149, 167, 198, 204
troubles physiques, 64, 98

urne, 205

vérité, 22, 141, 165–67, 208
vertiges, 70
violence, 117
voix, 35, 97–98, 132, 200
vomissements, 70, 98

Table des matières

INTRODUCTION 9

LES OBSÈQUES 11
    Faut-il absolument que je voie le corps avant les
obsèques ? 11
    Le corps de mon proche n'a pas été retrouvé 12
    La crémation risque-t-elle de perturber le bon
déroulement du deuil ? 14
    Dois-je m'arrêter de travailler quelque temps ? 20
    Faut-il cacher la cause réelle de la mort ? 21
    Le don d'organe 24

LES JOURS QUI SUIVENT LE DÉCÈS 27
    Il est mort mais je n'arrive pas à y croire vraiment 27
    Que faire des objets appartenant au défunt ? 29
    Faut-il parler de sa mort ? 31
    Puis-je prendre des décisions importantes ? 33

L'ANNÉE QUI SUIT LE DÉCÈS 35
    Puis-je encadrer chez moi des photographies du
défunt, ou regarder des films où il apparaît ? 35
    Que faire lors des dates anniversaires et des jours
de fête ? 37

LE PROCESSUS DE DEUIL 41
    Que veut dire « faire son deuil » ? 41
    Quelles sont les étapes du deuil ? 44
    Une nouvelle conception du deuil : les tâches du deuil
....49

Comprendre le processus d'adaptation au deuil 52
Qu'est-ce que le deuil « anticipatoire » ? 55
Le deuil est-il le même pour tout le monde ? 56
Un deuil peut-il être terminé un jour ? 58
Les complications du deuil 60

VOS CROYANCES ET VOS DOUTES 67

Personne ne peut m'aider 67
J'ai peur de tomber malade après mon deuil............70
Je me demande si je dois prendre un médicament..73
Dois-je me détacher complètement du défunt ou puis-je conserver un lien avec lui ?...75
Que signifie : « accepter » ? 77
Le deuil est-il une maladie ?.......................................79
Si je fais mon deuil, j'ai peur d'oublier : est-ce possible ? 82
Pourrai-je me retrouver comme avant ?....................84
Faut-il absolument connaître la cause de la mort pour faire son deuil ? 85
J'ai toujours besoin de parler des derniers instants ou des derniers mois : dois-je m'en empêcher ? 87
Faut-il pardonner pour faire son deuil ? 89
Faut-il avoir des rituels ? 91

CE QUE VOTRE CORPS RESSENT 97

J'ai entendu sa voix, je l'ai vu, j'ai senti sa main sur la mienne...97
J'ai des douleurs ou des troubles physiques.............98
J'ai des envies sexuelles 100

VOS ÉMOTIONS 103

L'importance des émotions du deuil.......................103
Le chagrin et la souffrance sont-ils indispensables ? 105
Cela fait six mois qu'il est mort, et j'ai encore plus mal qu'au début : est-ce normal ?.......................................107

Est-il normal de souffrir encore après un an ?........108
Je suis triste et déprimé, je n'ai plus envie de rien, je pleure et me sens faible 110
J'ai des idées suicidaires 112
Je me sens coupable 114
Je me sens soulagé de sa   mort 116
Je suis en colère 118
J'ai peur ou je suis angoissé 121
Il m'a fait souffrir et, pourtant, je me sens triste....123
J'ai envie de rester seul et de ne voir personne.......125
Je ne ressens rien 126

L'ENFANT EN DEUIL...**131**

Un enfant peut-il souffrir et ressentir le deuil ?.......131
L'enfant doit-il voir son parent mort ? 136
L'enfant doit-il assister à l'enterrement ou à la crémation ?..137
Que faut-il dire aux enfants ?...................................141
Que faut-il faire avec les enfants ?..........................145
Quand faut-il s'inquiéter de ses réactions ?...........148

VOUS VENEZ DE PERDRE VOTRE CONJOINT...................**151**

Un deuil complexe 151
Quand on a de jeunes enfants................................154

VOUS VENEZ DE PERDRE UN ENFANT...........................**157**

Un deuil plus long et plus douloureux 157
Mon conjoint ne réagit pas comme moi face à la mort de notre enfant : est-ce normal ? 161

VOTRE PROCHE S'EST SUICIDÉ **165**

Connaître et dire la vérité 165
Des émotions très douloureuses...........................167

PRENDRE SOIN DE VOUS..**173**

Comment savoir si j'ai besoin d'une aide extérieure ?
....173
Comment prendre soin de moi 175
Exprimer ce que je ressens....................................177
Est-ce que participer à un groupe de parole pourrait
m'aider ? 181
Les thérapies 183
L'EMDR 186

POUR L'ENTOURAGE..**193**

Faut-il poser des questions à la personne en deuil ?
....193
Que peut-on accepter de la personne en deuil ?.....194
Ce qu'il vaut mieux ne pas faire 198
Comment l'aider ?...199

LE DEUIL D'UN ANIMAL FAMILIER **203**

Est-il normal de souffrir de la mort d'un animal
domestique ? 203
Que faire du corps de mon animal ? 205
Quelles sont les conséquences possibles pour le
maître ? 206
L'enfant souffre-t-il de la disparition de son animal
domestique ? 208
Puis-je reprendre rapidement un autre animal ?.....210
Un deuil pathologique est-il possible après la mort de
mon animal ? 211

BIBLIOGRAPHIE...**215**

ASSOCIATIONS ET SITES INTERNET...............................**217**

INDEX **223**

Dépôt légal : mai 2017

www.ingramcontent.com/pod-product-compliance
Lightning Source LLC
Chambersburg PA
CBHW072126270326
41931CB00010B/1683